Geheime Künste

ENERGIESTRÖME DES KÖRPERS

Geheime Künste

ENERGIESTRÖME DES KÖRPERS

PAUL BRECHER

evergreen

Für meinen zweiten Sohn, Zak,
der im Herzen auf einer Stufe mit dem ersten steht.

EVERGREEN is an imprint of TASCHEN GmbH

Hohenzollernring 53, D-50672 Köln
www.taschen.com

Originalausgabe von
THE IVY PRESS LIMITED,
The Old Candlemakers, Lewes, East Sussex BN7 2NZ
Artdirector *Peter Bridgewater*
Redaktionsleitung *Sophie Collins*
Designer *Kevin Knight, Jane Lanaway*
Redaktion *Rowan Davies*
Bildrecherche *Liz Eddison, Vanessa Fletcher*
Fotografien *Guy Ryecart*
Illustrationen *Sarah Young, Catherine McIntyre,*
Michael Courtney, Andrew Milne, Ivan Hissey
Kalligrafie *Linsey Tai*

Gesamtproduktion der deutschen Ausgabe:
Königsdorfer Verlagsbüro, Frechen
Übersetzung aus dem Englischen: *Inge Uffelmann, Bayreuth*
Lektorat: *Daniela Arnold, Frechen*

Printed in China
ISBN 3-8228-3321-5

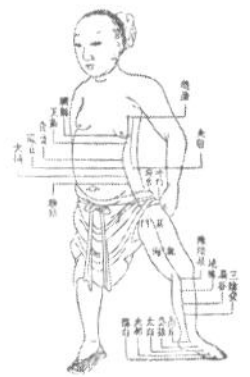

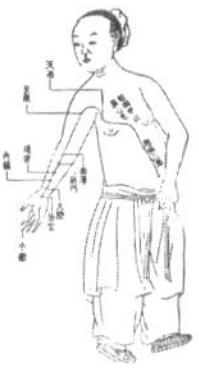

INHALT

Balance

Das altchinesische Konzept von Yin und Yang steht im Mittelpunkt dieses Buches.

ÜBER DIESES BUCH

Um dem Leser die Geheimnisse der Energieströme so verständlich wie möglich zu machen, wurde das Buch in Abschnitte gegliedert. Den knappen Hintergrundinformationen über die Qi-Gong-Übungen folgen jeweils mit Fotos bebilderte Schritt-für-Schritt-Anleitungen. Führen Sie die Übungen am besten in der angegebenen Reihenfolge durch. Das ist besser, als wahllos Übungen herauszupicken. Alle Übungen sollen zwar der körperlichen Gesundheit dienen, doch werden sie mit fortschreitendem Training immer abstrakter, beziehen zunehmend Denken, Gefühle und Geist ein – dies spiegelt sich in der Abfolge der Übungen.

Wichtiger Hinweis

Wer an hohem Fieber, einer schweren Infektion oder einer Entzündung leidet, muss einen Arzt aufsuchen, ehe er die Übungen macht! Menschen mit schweren neurobiologischen oder psychiatrischen Leiden dürfen die Übungen nicht machen. Dieses Buch dient vorrangig zur Information; die Übungen sollten nur unter der Anleitung eines geschulten Lehrers durchgeführt werden.

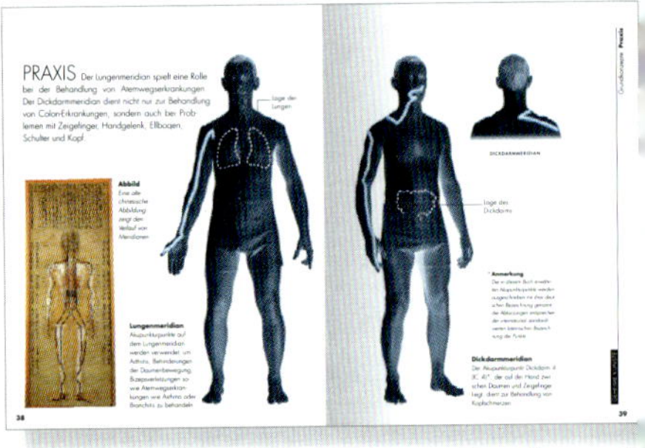

Grundkonzepte

Dieser Abschnitt liefert Hintergrundwissen. Hier können Sie sich zunächst informieren, ehe Sie die Übungen durchführen

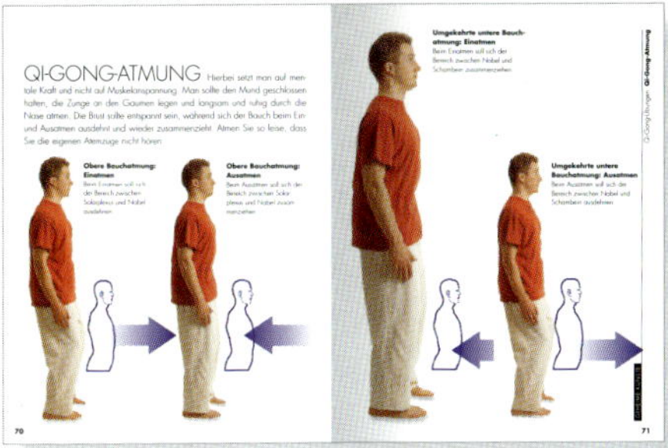

Theorie

Auf diesen Seiten wird erklärt, welcher Art die Übungen sind und wie man die optimale Wirkung erzielt.

Praxis

Auf diesen Seiten werden die Übungen vorgestellt. Schritt-für-Schritt-Anleitungen zeigen, wie man sie durchführt.

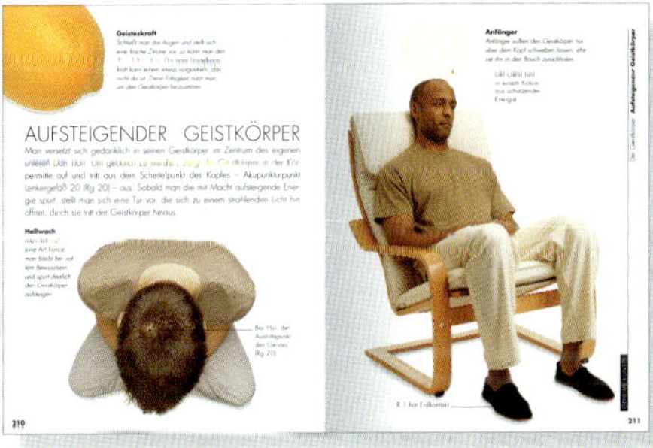

Der Geistkörper

Im letzten Abschnitt wird dargestellt, wie man geistige Übungen der höchsten Stufe durchführt.

Energie im Körper

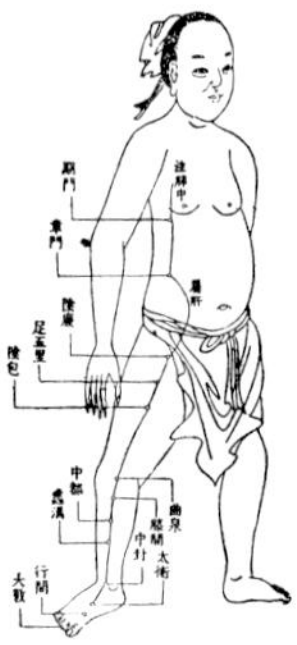

Unsichtbare Kanäle

Nach chinesischer Lehre durchziehen Energiekanäle den Körper.

Alle Kulturen dieser Erde erkennen auf die eine oder andere Weise an, dass der menschliche Körper über eine besondere Form der Lebensenergie verfügt. Die Inder nennen sie *Prana*, die Chinesen *Qi* und die Japaner *Ki*. Im Westen spricht man von menschlicher Elektrizität. Die Energie wird also in jeder Kultur anders interpretiert. So bedeuten beispielsweise die Begriffe *Prana* und *Qi* sowohl „Energie" als auch „Atem", denn hier ist man der Meinung, dass die Energie durch bestimmte Atemtechniken erzeugt werden kann.

In China und Japan betrachtet man Landschaftsgemälde erst als große Kunstwerke, wenn die Energie des Künstlers mit der dargestellten Landschaft in Einklang ist, denn nur dann kann es ihm gelingen, ein harmonisches Gemälde zu schaffen. Im Westen geht man davon aus, dass trainierende Sportler große Mengen kalorienreicher Nahrungsmittel zu sich nehmen, um die erforderliche Kraft zu erlangen. Das Wort Kalorie ist ein wissenschaftlicher Begriff zur Bezeichnung einer Energieeinheit.

Auch Denkprozesse kann man elektronisch messen. Mentale Zustände erzeugen ganz bestimmte Energien oder Gehirnströme, die Alpha-, Beta- oder Gammawellen genannt werden.

Wer die in diesem Buch vorgestellten Qi-Gong-Übungen regelmäßig durchführt, kann seine Energie erhöhen und einen glatten Energiefluss im Körper anregen. So kann man den Körper gesund erhalten, die mentalen Kräfte stärken und die geistigen Kräfte entwickeln.

Entdeckung der Akupunktur

Im September 1991 fanden Erika und Helmut Simon auf einer Wanderung in den Ötztaler Alpen an der Grenze zwischen Österreich und Italien eine vom schmelzenden Gletschereis freigegebene menschliche Leiche. Radiokarbondatierungen ergaben, dass es sich um den Körper eines Mannes handelte, der vor etwa 5300 Jahren gestorben war. Der Körper des „Ötzi" war mit Akupunkturmeridianen und -punkten tätowiert. Vielleicht waren ihm die Tätowierungen beigebracht worden, damit er sich selbst behandeln oder ein anderer Akupunkteur die Behandlung fortsetzen konnte. Die für die Linderung der Gesundheitsprobleme des Mannes gewählten Punkte zeugen von einem hohen Grad an Wissen über die Wirkungsweise der Akupunktur. Man schloss daraus, dass die Akupunktur vor 5000 Jahren – zur selben Zeit als sie im alten China angewendet wurde – auch in Mitteleuropa bereits eine voll entwickelte Heilmethode darstellte.

WELTWEITE LEBENSKRAFT

Im Westen wie im Osten sieht man menschliche Energie als eine innere Kraft an, die uns am Leben erhält und nicht nur zu physischen Leistungen und zur Erhaltung unserer Gesundheit befähigt, sondern auch dazu, künstlerisch kreativ zu sein. Die hier genannten Beispiele aus aller Welt zeigen, dass diese Vorstellung nicht nur universal verbreitet, sondern auch sehr alt ist.

Alaska

Die Bewohner der Aleuten haben ein eigenes Akupunktursystem. Ihre diesbezüglichen medizinischen Begriffe entstammen ihrer eigenen Sprache und sind nicht mit den chinesischen Bezeichnungen verwandt.

Die Erde

Alle weltgeschichtlich bekannten Kulturen der Erde erkennen die Existenz einer Lebensenergie im menschlichen Körper an.

China

Bereits vor etwa 5500 Jahren kannte man in China die Akupunktur, die dort ein voll entwickeltes Heilverfahren darstellte.

Indien

In Indien nennt man die Lebenskraft Prana, wörtlich „Lebensatem".

Neuseeland

Die Maori ritzten sich Linien ins Fleisch, um die Idee des Energieflusses im Körper auszudrücken. Später nahmen sie Tätowierungen vor.

Die chinesische Sicht

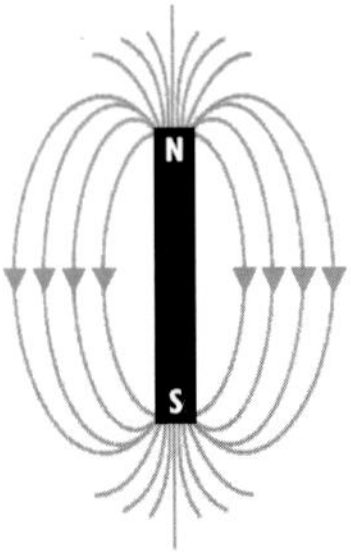

Polarität

Unsere innere Energie hat wie ein Magnet positive und negative Ströme.

Die Existenz eines den Körper durchfließenden Energiesystems ist in allen Kulturen bekannt. In diesem Buch wird die chinesische Sichtweise betont, da sie im Westen bereits gut bekannt ist. Die chinesische Akupunktur hat sich inzwischen dermaßen durchgesetzt, dass sie auch in Europa vielfach angewendet wird. Selbst die WHO, die Weltgesundheitsorganisation, empfiehlt sie und wirbt für sie, denn sie ist effektiv und kostengünstig.

Die traditionelle chinesische Medizin (TCM) geht von unsichtbaren Energieleitbahnen oder Meridianen im Körper aus. Auf diesen Bahnen liegen die Akupunkturpunkte, die Einfluss auf den Energiefluss in den Bahnen haben. Jene Energie oder Lebenskraft des Körpers, die uns befähigt zu gehen, zu sprechen oder zu denken, wird Qi genannt. In der chinesischen Medizin gilt der freie Fluss des Qi als extrem wichtig für die Erhaltung der Gesundheit.

In der westlichen Medizin bezeichnet man den Prozess, der die Körperfunktionen im Gleichgewicht hält, als Homöostasie. Die chinesische Medizin interpretiert dies als Gleichgewicht zwischen Yin und Yang.

Diese beiden Begriffe beschreiben die Kräfte, die in der Welt am Werk sind und können auf alle Dinge – auch auf den Körper – angewendet werden. Yin und Yang sind interagierende, voneinander abhängige Gegensätze. Hoher oder niedriger Blutdruck zum Beispiel oder Ödeme und Austrocknung sind Zustände, in denen Yin und Yang des Körpers aus dem Gleichgewicht sind.

Magnetische Pole

Kombiniert man die Vorstellungen von Qi und Yin und Yang, so zeigt sich, dass unsere innere Energie sowohl einen positiven als auch einen negativen Fluss hat. Ein Magnet hat einen positiv und einen negativ geladenen Pol; genauso ist es mit dem Körper: er hat Yin- (negative) und Yang- (positive) Meridiane. Sind Yin und Yang im Gleichgewicht und fließt das Qi gleichmäßig und ungehindert, befinden wir uns in einem ausgeglichenen neutralen Zustand – warm, ruhig, zufrieden mit uns selbst und der Welt. Diesen Zustand der körperlichen, mentalen, emotionalen und spirituellen Gesundheit nennt man Wu Chi.

Sind Yin und Yang nicht im Gleichgewicht, kann es zu Gesundheitsproblemen kommen. Die Übungen dieses Buches sollen helfen, Wu Chi zu erreichen und zu erhalten. Die Fähigkeit, in unserer vom Stress geprägten Zeit gesund, ruhig und ausgeglichen zu bleiben, erwirbt man erst durch jahrelange Übung.

Huangdi – der Gelbe Fürst
Der Klassiker der Inneren Medizin des Huangdi *(Gelber Fürst), bildet den Grundstein der klassischen Akupunktur und des Qi Gong.*

QUELLEN DES QI GONG

Qi Gong wird in China bereits seit Jahrtausenden praktiziert und in vielen alten chinesischen Schriften erwähnt. Zwei Bücher verdienen besondere Beachtung, weil sie so einflussreich und so alt sind: Das erste ist das *Yi Jing*, im Westen als *I Ging – Buch der Wandlungen* bekannt, das zweite ist das *Huangdi Neijing*, das *Buch des Gelben Fürsten über innere Medizin*. Es bildet die Basis des Qi Gong.

I GING

周易

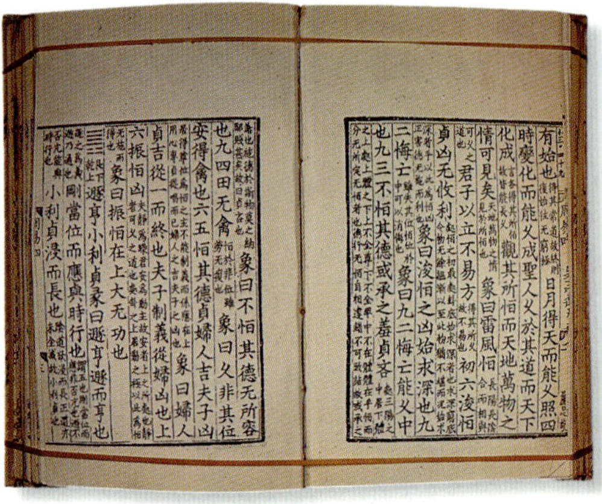

Das I Ging – Buch der Wandlungen
Fu Hsi zugeschrieben, enthüllt es das Wirken des Qi in seinen Orakelsprüchen.

Chinesische Medizin

In der traditionellen chinesischen Medizin fühlen Ärzte den Puls, um ein Ungleichgewicht des Qi in den Meridianen zu diagnostizieren.

Mönche

Buddhistische und taoistische Mönche bewahren alte Qi-Gong-Techniken bis auf den heutigen Tag.

Ursprünge des Qi Gong

Alter Meister
Chang San Fen (geboren 1247) schuf den ersten Tai-Chi-Stil.

Das *I Ging – Buch der Wandlungen* (*Yi Jing*), ist eines der wichtigsten Bücher für die Geschichte des Qi Gong (siehe auch Seite 216).

Es soll 2852 v. Chr. von Fu Hsi verfasst worden sein, doch dieser Kaiser ist eine Legendengestalt. Greifbar ist, dass Wen Wang, Gründer der Chou-Dynastie, das *I Ging* 1122 v. Chr. weiter klassifiziert und geordnet und dass vor allem Konfuzius sich intensiv damit beschäftigt hat.

Wen Wang zufolge hat Fu Hsi das *I Ging* nur schreiben können, weil er ein Leben lang die energetischen Interaktionen zwischen Sonne, Mond, Sternen und allen irdischen Lebensformen beobachtet und verglichen hat. Die Orakelsprüche zeigen, dass die Verfasser das Verhalten der Tiere und Menschen, das Wettergeschehen und den Wechsel der Jahreszeiten genau beobachteten und darin Variationen der Beziehungen zwischen den Kräften der Yin- und Yang-Energie – das Qi – erkannten.

Verfasser des *Neijing* soll der ebenfalls legendäre Huangdi, der Gelbe Fürst (2697–2597 v. Chr.), sein (siehe Seite 217). Dieses Buch befasst sich mit der Philosophie und den praktischen Techniken, die die Grundlage der Akupunktur und des Qi Gong bilden. Es umfasst das gesammelte Wissen vieler Generationen, das in der Folge über Jahrtausende erprobt wurde. Sein Leitsatz besagt, dass die Gesundheit vom ungehinderten Fluss des Qi abhängt, weshalb alle Qi-Gong-Techniken bemüht sind, dies zu erreichen.

Die Verbindung zum Tai Chi

Der im Jahr 1247 geborene Chang San Fen war einer der größten Kampfkünstler, der auch Qi Gong praktizierte. Um seine Gesundheit während des Trainings zu stärken, verband er seine Kenntnisse des Qi Gong mit seiner Kampfkunst. Er konzentrierte die wichtigsten Prinzipien auf 12 Bewegungsabläufe, die „12 Unterbrechungsformen", die als das erste große Tai-Chi-System anerkannt wurden. Da Chang San Fen in der Bergregion des Wu Dang lebte, wurde sein System auch als „Wu Dang Berg Tai Chi" bekannt.

Mitte des 19. Jahrhunderts befasste sich Yang Lu Chan (1799–1872) mit dem System und entwickelte daraus seinen eigenen Übungsstil, den „Alten Yang-Stil des Tai Chi". Die in diesem Buch vorgestellten Qi-Gong-Übungen basieren auf diesen beiden Systemen.

GRUNDKONZEPTE

Wer mit dem Qi-Gong-Training beginnt, sollte sich zunächst mit den Grundideen des Qi Gong vertraut machen. Dieses Kapitel liefert dazu ausführliche Erklärungen für immer wieder auftauchende Begriffe wie Qi, Yin und Yang, Wu Chi, Meridian und Energiezentren. Auch übliche Fragen werden hier behandelt: wer Qi Gong praktizieren sollte, wie lange man üben und wie man sich dafür kleiden soll und vieles mehr. Da für die meisten Menschen der westlichen Welt Qi Gong eine völlig neue Erfahrung darstellt, wird außerdem genau erklärt, was man sowohl physisch als auch mental von dem Training erwarten darf. Abgerundet wird dieser Teil des Buches durch einen Blick auf diejenigen Meridiane, die man zum Verständnis der Praktik des Qi Gong unbedingt kennen muss.

Qi, Yin und Yang, Wu Chi

Den Begriff Qi kann man sich als eine Art elektromagnetische Kraft vorstellen – als sehr schwache Ladung, nicht stärker als der Funke statischer Elektrizität, den man gelegentlich spürt, wenn man jemandem die Hand gibt. So wie ein Radio durch elektrischen Strom Töne, der Fernseher Bilder und die Glühbirne Licht produziert, so verhilft uns das Qi dazu, dass wir sprechen, sehen und uns bewegen können.

Alles, was Menschen zu leisten imstande sind, verdanken sie dem Qi. Je mehr Qi wir haben, desto aktiver und kreativer sind wir. Die ganze Welt ist durch Qi verwoben; alle Kreaturen sind Teil dieses Lebensnetzes, dessen Fäden aus Qi bestehen. Qi-Gong-Übungen heilen den Körper, indem sie den freien Fluss des Qi durch die Akupunkturmeridiane anregen.

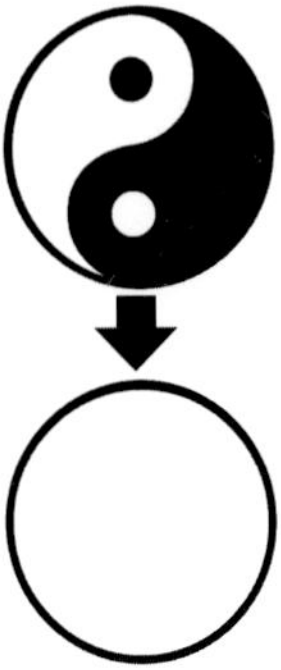

Fortschritt
Sind Yin und Yang im Gleichgewicht, erreicht man den Zustand des Wu Chi.

Die Begriffe Yin und Yang bezeichnen die interagierenden Gegensätze des Universums. Im Körper einen Ausgleich zwischen dem Yin- und Yang-Qi zu schaffen ist die Basis der Energiearbeit und der Schlüssel zu guter Gesundheit – nicht nur der körperlichen, sondern auch der mentalen und der geistigen. Qi-Mangel erzeugt einen krankhaften Zustand des Yin und muss durch Auffüllung behoben werden. Umgekehrt erfordert ein krankhafter Yang-Zustand eine Reduzierung des Qi. Sobald Yin und Yang im Gleichgewicht sind, tritt man in den Zustand des Wu Chi ein – eine geistige Dimension, in der dem Menschen bewusst wird, dass er mit der ganzen Welt verbunden ist.

Das einigende Prinzip

Wu Chi (wörtlich „ungeteilte Einheit") lässt sich durch alltägliche Aktivitäten erreichen. Jeder Mensch empfindet Wu Chi anders, doch immer gibt es das Element der Einheit. Manche Menschen fühlen sich eins mit der Natur, wenn sie durch einen Wald wandern, andere fühlen sich in einem Augenblick tief empfundener Liebe eins mit ihrem Partner.

Mithilfe von Qi Gong erreicht man Wu Chi bewusst und gezielt, statt zufällig hineinzustolpern, denn man lernt, die innere Welt zu harmonisieren – Gedanken und Emotionen, Körper und Geist in Einklang zu bringen. Menschen, die innerlich ausbalanciert sind, können auch in ihren Beziehungen zu anderen Menschen und mit der gesamten Umwelt zur Harmonie finden.

Weitere Informationen

Weitere Informationen zur **spirituellen Entwicklung** finden Sie ab Seite 206 ff.

MERIDIANE UND ENERGIEZENTREN

Die Akupunkturmeridiane laufen durch den ganzen Körper und verbinden alle seine Teile. Es gibt 12 Hauptmeridiane, benannt nach den Organen, mit denen sie verbunden sind. Die inneren Organe sind quasi Reservoire der Körperenergie, und die Meridiane sind wie Flüsse, die vom einen zum anderen fließen. Die 12 Meridiane durchziehen den Körper vom Scheitel bis zur Sohle und den Fingerspitzen. Sie tragen die Energie von und zu den Energiezentren des Körpers: den drei Dan Tian und den sieben Chakras.

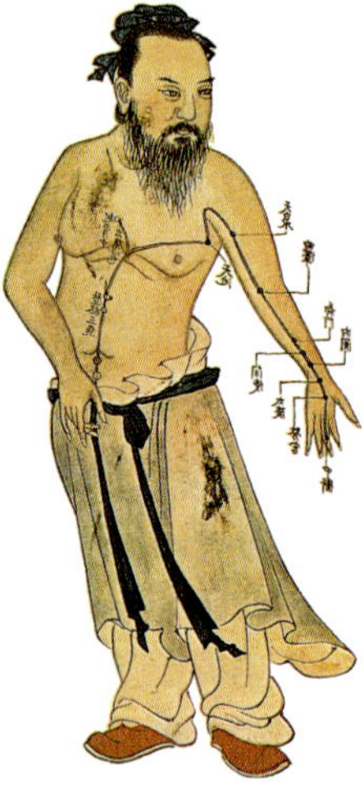

Meridiane

Die Weltgesundheitsorganisation WHO veröffentlichte 1991 einen Bericht zur weltweiten Förderung der Akupunktur. Darin sind 400 Akupunkturpunkte auf 20 Meridianen erwähnt.

Dan Tian

Der Körper hat ein Energiezentrum im Unterleib, das Dan Tian genannt wird – wörtlich „Feld des Lebenselixiers".

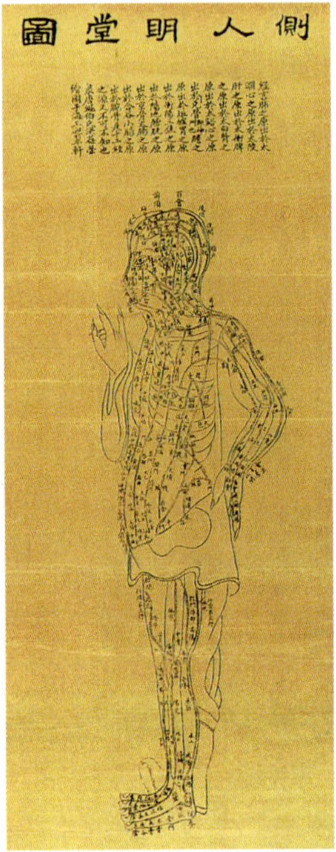

Chakras

Die Chakras sind Energiezentren auf dem stoßenden Meridian, der in der Körpermitte aufsteigt.

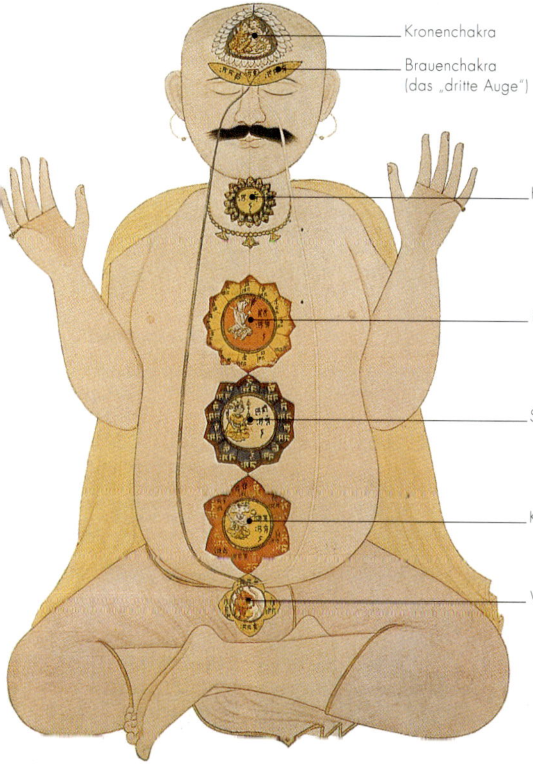

Die 12 Organe

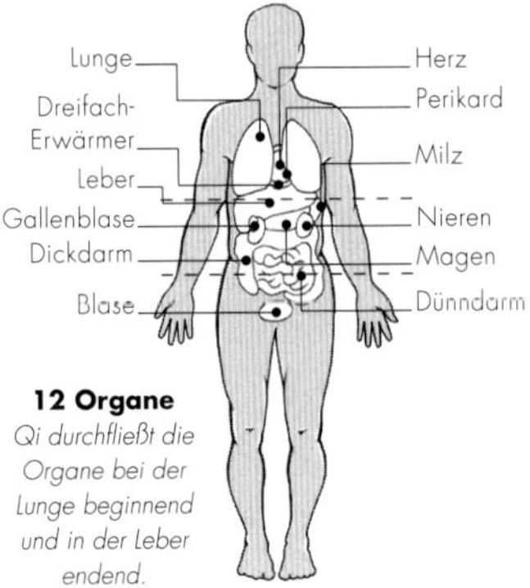

12 Organe
Qi durchfließt die Organe bei der Lunge beginnend und in der Leber endend.

QI-HÖHEPUNKTE	
Lungenmeridian	3–5 Uhr
Dickdarmmeridian	5–7 Uhr
Magenmeridian	7–9 Uhr
Milzmeridian	9–11 Uhr
Herzmeridian	11–13 Uhr
Dünndarmmeridian	13–15 Uhr
Blasenmeridian	15–17 Uhr
Nierenmeridian	17–19 Uhr
Perikardmeridian	19–21 Uhr
Dreifach-Erwärmer-Meridian	21–23 Uhr
Gallenblasenmeridian	23–1 Uhr
Lebermeridian	1–3 Uhr

Jeder der 12 Hauptmeridiane hat auf das für ihn namengebende Organ starken Einfluss. Die Lungen gelten als der Ausgangspunkt des Meridiansystems und werden das Warenlager des Qi genannt. Der Qi-Fluss in jedem Meridian erreicht zu unterschiedlichen Tageszeiten einen Höhepunkt.

Die Organe werden als hohl oder gefüllt kategorisiert. Lunge, Niere, Milz, Leber, Herz und Perikard sind gefüllte Organe, denn sie erzeugen und speichern Substanzen. Die Lunge erzeugt und lagert Qi, die Nieren schaffen und lagern Elixier (die Vitalkraft, die das Wachstum, die Fortpflanzung und Entwicklung beherrscht), die Milz erzeugt Blut, die Leber filtert und speichert es, das Herz pumpt das Blut und der Herzbeutel (Perikard) schützt das Herz.

Magen, Dünn- und Dickdarm, Blase, Dreifach-Erwärmer und Gallenblase sind hohle Organe. Sie verarbeiten die Nahrung. Der Magen nimmt sie auf, Dünn- und Dickdarm transportieren sie, die Blase entsorgt den Urin, der Dreifach-Erwärmer setzt Wärme frei und die Gallenblase die Gallenflüssigkeit.

Sitz der Organe

Die Organe liegen in einer der drei Körperhöhlen. Die Oberkörperhöhle liegt oberhalb des Solarplexus und enthält Lungen, Herz, Perikard und Gehirn. Die mittlere Höhle liegt zwischen Solarplexus und Nabel; sie birgt Milz, Bauchspeicheldrüse, Magen, Leber und Gallenblase. Die Unterkörperhöhle befindet sich unterhalb des Nabels und enthält Dünn- und Dickdarm, Nieren, Uterus und Blase.

Jedes Organ ist mit einem der fünf Elemente verbunden. (Mit ihrem System der Elemente beschreiben die Chinesen die natürlichen Energien.) Lunge und Dickdarm sind Metall; Magen und Milz sind Erde, Herz, Dünndarm, Perikard und Dreifach-Erwärmer sind Feuer; Blase und Nieren sind Wasser; Gallenblase und Leber sind Holz.

Weitere Informationen

Weitere Informationen zu den **Meridianverbindungen** finden Sie auf Seite 27.

Jahreszeiten
Der Qi-Fluss im Körper vollzieht sich analog zum Wechsel der Jahreszeiten.

DIE FÜNF ELEMENTE

In der traditionellen chinesischen Medizin sind das Denken und die Gefühle, die Sinne, die inneren Organe, das Gewebe und die Meridiane miteinander verbunden. Alle Aspekte des Lebens gründen in den fünf Elementen: Holz, Feuer, Erde, Metall und Wasser. Jedes Element herrscht über Organe und Körperfunktionen und ist mit anderen Aspekten assoziiert. Ein Mensch mit einer schwachen Milz ist ängstlich und liebt Süßes; wer durch viel Alkoholgenuss einen Leberschaden erleidet, kann auch eine Sehschwäche haben; alte Menschen mit schwachen Nieren empfinden die Winterkälte stärker und leiden oft an Knochenschmerzen

Elementarkräfte
Die alten Chinesen waren sich der Wirkung der fünf Elemente bewusst und richteten sich danach.

Assoziationen der fünf Elemente

Element	**Holz**	**Feuer**	**Erde**	**Metall**	**Wasser**
Organ	Leber Gallenblase	Herz Dünndarm	Milz Magen	Lunge Dickdarm	Niere Blase
Yang-Emotion	Zorn	Hass, Ungeduld	Sorge, Scheu	Traurigkeit, Depression	Furcht
Yin-Emotion	Freundlichkeit	Liebe, Freude, Respekt	Fairness, Offenheit	Aufrichtigkeit, Mut	Sanftmut
Äußerung	Schreien	Lachen	Singen	Weinen	Stöhnen
Jahreszeit	Frühling	Sommer	Spätsommer	Herbst	Winter
Wetter	Wind	Hitze	Feuchtigkeit	Trockenheit	Kälte
Farbe	Grün	Rot	Gelb	Weiß	Schwarz
Zyklus	Wachsen	Fruchttragen	Ernte	Aussaat	Schlafen
Zeit	Kindheit	Jugend	Adoleszenz	Alter	Tod
Sinn	Augen	Zunge	Lippen, Mund	Nase	Ohren
Geschmack	Sauer	Bitter	Süß	Scharf	Salzig
Ernährt	Nägel, Sehnen, Nerven	Blut, Gefäße	Muskeln	Haut, Haar	Knochen, Zähne

Fragen und Antworten

Morgenstund
Sonnenaufgang ist für das Qi-Gong-Training die beste Zeit.

Es gibt viele Fragen, die immer wieder zum Qi-Gong-Programm gestellt werden. Hier die Antworten auf die häufigsten Fragen (weitere Infos siehe Seite 220):

Qi Gong – für wen?

Fast jeder kann von den Qi-Gong-Übungen profitieren. Schwache und kranke Menschen können kräftiger werden, gesunde Menschen können ihr Immunsystem stärken und so ihr Risiko, krank zu werden, verringern. Lediglich Menschen mit schweren psychischen Problemen oder Menschen, die an akuten, mit hohem Fieber verbundenen Entzündungen und Infektionen leiden, sollten gar nicht oder nur unter Aufsicht eines geschulten, qualifizierten Lehrers üben. Zusätzlich sollten sie ärztliche Hilfe in Anspruch nehmen. Dieses Buch kann weder den Lehrer noch den Arzt ersetzen!

Wo und wann trainieren?

Obwohl die hier vorgestellten Qi-Gong-Übungen überall und zu jeder Zeit durchgeführt werden können, ist es ideal, sie barfuß auf Gras – unter oder neben einem Baum – bei Sonnenaufgang zu machen.

Wenn möglich, sollte man sie in einem Garten oder Park oder auf einer sauberen Waldlichtung durchführen. Dort ist man von der Natur umgeben und hat sauerstoffreiche Luft sowie die natürliche Energie der Erde und der Pflanzen. Ist es feucht, regnerisch, kalt oder windig, trainiert man drinnen. Dort sollte man einen warmen, trockenen, frisch gelüfteten Raum wählen und Zugluft vermeiden.

Sonnenaufgang ist die beste Zeit, denn dann sind die natürlichen Energien der Umgebung noch nicht durch menschliche Aktivitäten gestört. Außerdem aktiviert man das Qi zur optimalen Zeit des Lungenmeridians.

Wie lange trainieren?

Die tägliche Trainingszeit hängt von der eigenen Gesundheit und Motivation ab. Anfänger sollten morgens und abends mindestens 15 Minuten trainieren, Fortgeschrittene können auf 30 Minuten zweimal täglich verlängern. Menschen, die schon jahrelang Qi Gong praktizieren und viel Erfahrung damit haben, brauchen sich kein Limit zu setzen.

Vorher und nachher

Stellen Sie sich zu Anfang der Übungen vor, von einem Kokon aus goldenem, heilendem Licht geschützt zu sein. Zum Abschluss sammeln und speichern Sie das Qi im unteren Dan Tian.

Weitere Informationen

Weitere Informationen zur **Speicherung des Qi im unteren Dan Tian** finden Sie auf den Seiten 88–95.

Schuhe

Muss man Schuhe tragen, weil es kalt oder nass ist, so sind leichte Turnschuhe besser geeignet als chinesische Schlupfschuhe.

PASSENDE KLEIDUNG

Obwohl zur Praktizierung des Qi Gong keine spezielle Kleidung nötig ist, sollte man doch darauf achten, dass die Bewegungen und der Blutfluss nicht behindert werden. Man sollte also keinen engen Gürtel und auch keine Armbanduhr tragen. Übt man draußen in der Kälte, sollte man sich warm anziehen. Ist es sonnig und heiß, sollte man eine Kopfbedeckung tragen oder im Schatten trainieren. Am besten praktiziert man Qi Gong barfuß auf Gras, so kann man die Erdenergie durch die Füße aufnehmen. Auch Schuhe mit flachen Sohlen sind empfehlenswert.

Ruhe

Ein ruhendes Gewässer beruhigt den Geist, wenn man im Freien trainiert.

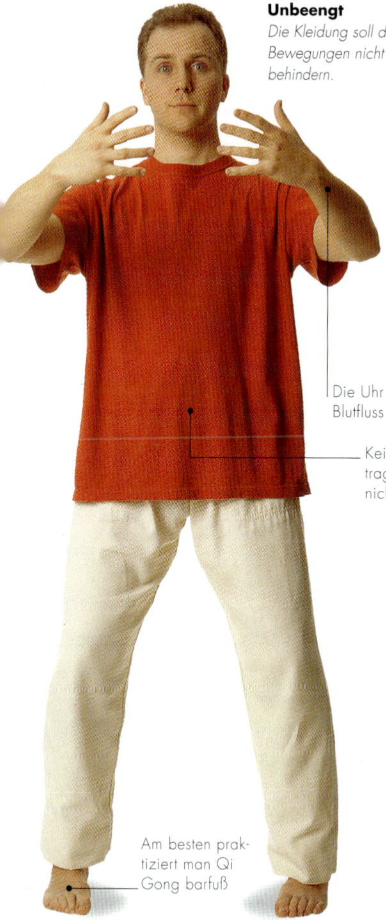

Unbeengt

Die Kleidung soll die Bewegungen nicht behindern.

Mäßigung

Sonnenstrahlen können heilende Wirkung haben, doch zu viel Sonne kann Körper, Herz und Blut überhitzen.

Die Uhr abnehmen, damit der Blutfluss nicht behindert wird

Keinen engen Gürtel tragen, um den Blutfluss nicht zu behindern

Am besten praktiziert man Qi Gong barfuß

Selbstheilung

Qi Gong ist ein Selbstheilungssystem, das Geist und Emotionen beruhigt. Es reguliert das Meridian-Qi und hilft so, den Körper zu heilen. Wichtig ist, in passender Umgebung zu trainieren und dabei den Übungen und Wetterverhältnissen entsprechend gekleidet zu sein.

Was man erwarten darf

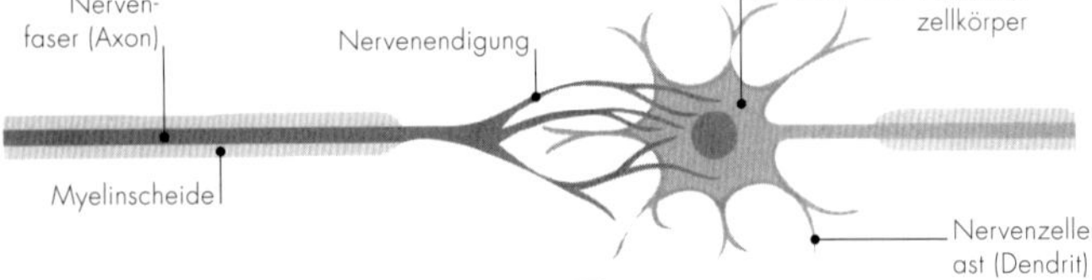

Neuraler Pfad

Neuronen – die Zellen des Nervensystems – helfen dem Qi, wie eine Art Elektrizität durch den Körper zu fließen.

Wer Qi Gong praktiziert, kann spüren, wie die Qi-Energie über die Meridiane durch den Körper fließt. Dieser Energiefluss stärkt den Blutkreislauf und wärmt den Körper. Deshalb profitieren Menschen mit schlechter Blutzirkulation, steifen Gelenken und anderen Gesundheitsproblemen ganz besonders von den Qi-Gong-Techniken. Fließt das Qi frei, fühlt sich das wie ein warmes elektrisches Leuchten an. Wird der Qi-Fluss hingegen unterbrochen, kann es zu leichten oder schlimmeren Schmerzen kommen. Meist geschieht dies in Körperregionen, in denen sich Spannungen aufbauen, die durch Stress ausgelöst werden, aber auch in Bereichen, wo Gesundheitsprobleme lokalisiert sind.

Zittern

Versucht das Qi eine Blockade zu durchbrechen, spürt man ein leichtes Zittern. Wenn der Körper (besonders in den Beinen) heftig zu zittern beginnt, zeigt dies totale Erschöpfung an. Wenn das passiert, sollte man das Training unverzüglich einstellen, eine warme Mahlzeit zu sich nehmen und sich ausruhen. Eine andere – wohltuende – Form des Zitterns ist eine summende Vibration im Körper, die sich anfühlt wie das Brummen einer Hummel. Es ereignet sich, wenn das Qi frei durch die Meridiane fließt und der Mensch gesund ist.

Kribbeln

Durchfließt heilendes Qi den Körper, breiten sich Ruhe und Wohlbefinden aus. Qi-Gong-Schüler spüren gelegentlich ein Kribbeln und Fülle in den Fingerspitzen und anderen Körperteilen.

Ist ein Meridian aktiviert, fühlt man seinen Energieverlauf im Körper. Je mehr Erfahrung und Praxis man erwirbt, desto stärker fließt das Qi durch die Meridiane – bis man spürt, dass der ganze Körper vollkommen aus Energie besteht.

Spirituelle Erlebnisse

Mit den Jahren vermittelt das Praktizieren von Qi Gong ein Gefühl, als wären Hände und Körper von einem elektromagnetischen Kraftfeld umgeben. Außerdem entwickelt man ein Gefühl der Schwerelosigkeit, als wäre man im Wasser.

Erreicht man den höchsten Grad, hat man spirituelle Erlebnisse, die die Körperlichkeit überwinden. Der Geist kann die körperliche Hülle verlassen, wird Teil von allem anderen und eins mit der Welt. Man spürt sich gleichzeitig in die

Weitere Informationen

Weitere Informationen zum **spirituellen Fliegen** finden Sie auf den Seiten 212–213.

ERWARTUNGEN

Man praktiziert Qi Gong, um den Körper zu trainieren und Energie zu aktivieren. Nach Jahren der Übung allerdings fließt die Energie sehr stark und die Positionen, die Bewegungen und die Atmung des Qi Gong vollziehen sich unwillkürlich. Es ist eine wohltuende Erfahrung zu spüren, wie sehr das Qi zu mobilisieren vermag. Ist dieses Stadium erreicht, kann man die meditativen Qualitäten des Qi Gong genießen. Zu Beginn musste der Geist aktiv werden, um zur Durchführung der Übungen zu motivieren, zuletzt ist das nicht mehr nötig – man ist von der Motivierung frei.

Energie aktivieren
Bei allen Arten von Qi-Gong-Übungen muss man die Arme hoch und vom Körper fern halten. Nur so sind alle Gelenke offen, was einen ungehinderten Fluss des Qi durch die Meridiane garantiert. Wer viele Jahre Energie im Körper gesammelt hat, wird feststellen, dass sich bei den Qi-Gong-Übungen die Energie so stark im Körper ausdehnt, dass man von sich aus die Arme hebt und vom Körper fern hält.

Ein strahlender Kokon aus positiver Energie schützt den Qi-Gong-Schüler

Die Arme sollen hoch und vom Körper fern gehalten werden

Heilendes Qi

Wenn das Qi durch den Körper fließt, schafft es ein angenehmes Gefühl des Wohlbefindens.

Meridiane und Organe: 1

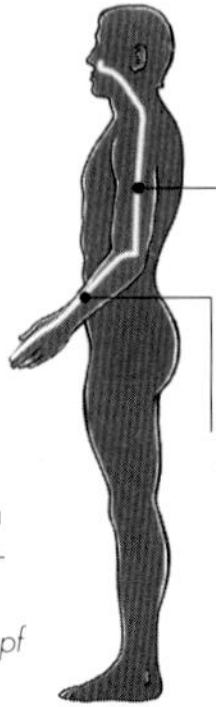

Dickdarm
Dieser Yang-Meridian kontrolliert Kopf und Bauch.

Die Meridiane werden als Yin oder Yang klassifiziert, je nachdem, ob sie in freiliegenden oder geschützten Körperteilen verlaufen. Die Yang-Meridiane liegen auf der Außenseite der Gliedmaßen und auf dem Rücken, die Yin-Leitbahnen auf der Innenseite der Gliedmaßen und auf der Brust. Die Yang-Meridiane werden mit Resistenz gegenüber Krankheiten und unzuträglichen Außenfaktoren in Verbindung gebracht. Die Yin-Meridian assoziiert man mehr mit der Ernährung des Körpers.

Acht sekundäre Leitbahnen verbinden die 12 Haupt- oder Organmeridiane miteinander und regulieren das Qi in ihnen. Sie können überschüssige Energie speichern, die durch Qi Gong erzeugt wird. Jeder der 12 Hauptmeridiane beeinflusst ein bestimmtes Körperorgan. Jedes dieser Organe kontrolliert seinerseits andere Teile des physischen und emotionalen Selbst.

Die Lunge

Ist das Qi im Lungenmeridian stark, kann der Körper Krankheitserreger abwehren. Da die Lungen Außenluft aufnehmen, sind sie das erste Organ, das mit der Umwelt in Kontakt kommt. Durch Qi-Gong-Atmung können sie gekräftigt werden und sich den jahreszeitlichen Einflüssen anpassen, die etwa für Erkältungen typisch sind.

Die Haut wird oft die dritte Lunge genannt, denn auch durch die Hautporen atmet der Mensch. Wird ein Mensch mit porenverstopfender Farbe bemalt, erstickt er, selbst wenn Mund und Nase unverschlossen bleiben.

Die Haut ist ein Schutzschild gegen eindringende Mikroorganismen. Bei Hitze öffnen sich die Poren, bei Kälte schließen sie sich, dadurch wird die Körpertemperatur reguliert.

Der Dickdarm

Der Dickdarm liegt in der Unterleibshöhle; durch die Ileozäkalklappe ist er mit dem Dünndarm verbunden; der Anus bildet sein unteres Ende. Fließt das Qi des Dickdarms ungehindert durch seinen Meridian, kann das Organ seine Funktionen effektiv erfüllen. Es entwässert die aus dem Dünndarm kommenden Abfallprodukte in die Blase und scheidet die festen, nicht verwertbaren Nahrungsteile aus.

Ist der Qi-Fluss blockiert, kommt es zur Hitzeansammlung, die Verstopfung bewirkt. Ist das Qi zu schwach, ist Durchfall die Folge

Weitere Informationen

Weitere Informationen zum **Energieausgleich im Lungen- und Dickdarmmeridian** finden Sie auf den Seiten 174–175.

PRAXIS Der Lungenmeridian spielt eine Rolle bei der Behandlung von Atemwegserkrankungen. Der Dickdarmmeridian dient nicht nur zur Behandlung von Colon-Erkrankungen, sondern auch bei Problemen mit Zeigefinger, Handgelenk, Ellbogen, Schulter und Kopf.

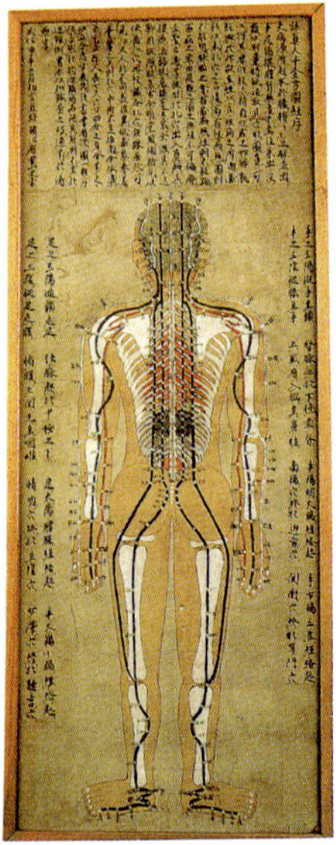

Abbild
Eine alte chinesische Abbildung zeigt den Verlauf von Meridianen.

Lungenmeridian
Akupunkturpunkte auf dem Lungenmeridian werden verwendet, um Arthritis, Behinderungen der Daumenbewegung, Bizepsverletzungen sowie Atemwegserkrankungen wie Asthma oder Bronchitis zu behandeln.

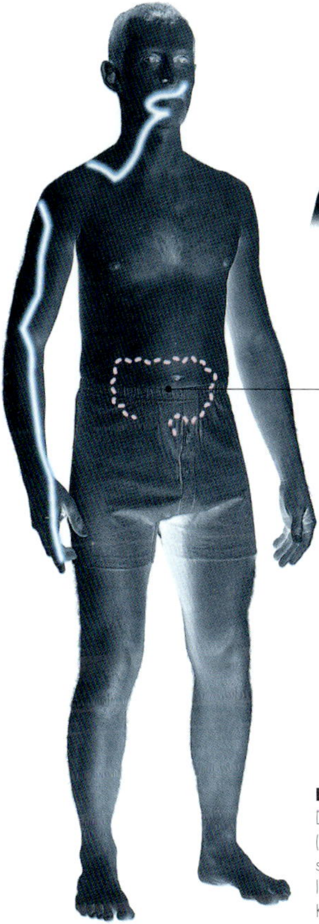

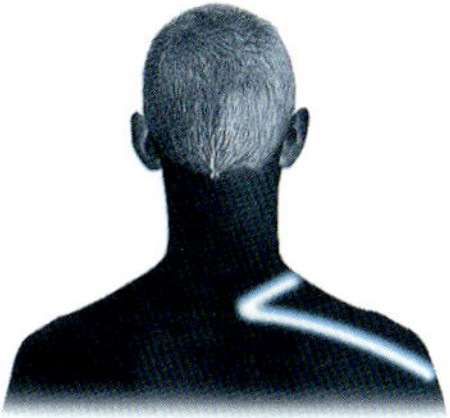

DICKDARMMERIDIAN

Lage des Dickdarms

* **Anmerkung**

Die in diesem Buch erwähnten Akupunkturpunkte werden ausgeschrieben mit ihrer deutschen Bezeichnung genannt, die Abkürzungen entsprechen der international standardisierten lateinischen Bezeichnung der Punkte.

Dickdarmmeridian

Der Akupunkturpunkt Dickdarm 4 (IC 4)*, der auf der Hand zwischen Daumen und Zeigefinger liegt, dient zur Behandlung von Kopfschmerzen.

Meridiane und Organe: 2

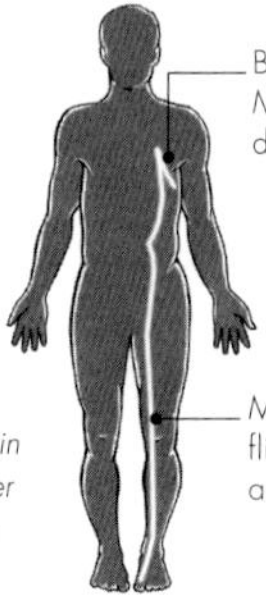

Milz

Der Milzmeridian ist ein Yin-Kanal, der den Körper nährt.

Der Magen

Der Magen liegt in der mittleren Körperhöhle. Fließt das Qi des Magenmeridians ungehindert, wird die Nahrung verdaut und in den Dünndarm geleitet. In diesem Meridian fließt das Qi abwärts. Ändert sich die Fließrichtung, kommt es zu Entzündungen, Übelkeit und Erbrechen.

Der Magen ist mit dem Mund verbunden. Nahrung, die ihn irritiert, kann Mundgeschwüre verursachen. Ist der Qi-Fluss im Magenmeridian blockiert, sammelt sich Hitze im Magen, was Schmerzen, Hunger und Mundgeruch auslöst.

Die Milz

Nährstoffe, die der Magen der Nahrung entzieht, gibt er an die Milz weiter, die damit das Blut bildet, das Körper und Muskeln ernährt. Die Milz schickt nährendes Qi zu den Lungen, was ihnen hilft, das Abwehr-Qi (eine Art Qi, das aus anderen Qi-Arten besteht) zu stärken. Das Qi des Milzmeridians fließt aufwärts.

Der Zustand der Milz und der Blutgefäße lässt sich an den Lippen ablesen. So sind blasse Lippen ein Zeichen für schwaches Milzblut.

Die Milz kontrolliert auch den Wasserhaushalt. Ist er gestört, kann es zu Durchfall, Mattigkeit, Blähbauch oder Ödemen kommen. Übermäßige Feuchtigkeit ist der Milz unzuträglich; sie kann die Arbeit des Magen-Darm-Trakts behindern.

Das Herz

Das Herz liegt links in der oberen Körperhöhle. Es pumpt das Blut durch die Gefäße im Körper. Leidet ein Mensch an kalten Händen und Füßen, kann das an einer schlechten Herzmuskelarbeit liegen. Ein innerer Zweig des Herzmeridians steigt durch Zunge und Augen zum Gehirn auf, wodurch Herz und Kopf verbunden sind.

Bei Aufregung schlägt das Herz schneller; emotionaler Stress belastet ebenfalls das Herz. Hitze im Herzen kann zu Reizbarkeit oder Schlaflosigkeit führen.

Die Zunge ist die Öffnung des Herzens. Ist Hitze im Herzen, ist die Zungenspitze rot wie eine Erdbeere. Das Herz spiegelt sich auch im Gesicht. Ist es blass, ist zu wenig Qi im Herzmeridian und der Kreislauf ist schwach. Im Sommer verursacht überschüssige Hitze ein rotes Gesicht, aber auch Ungeduld und Reizbarkeit.

Weitere Informationen

Weitere Informationen zu den **Meridianen** finden Sie auf den Seiten 42–43.

PRAXIS Der Herzmeridian dient zur Behandlung einer schlechten Blutzirkulation. Magen und Milz ziehen Energie aus der Nahrung und sorgen dafür, dass dieses Qi durch die Meridiane zu Herz und Lunge gelangt.

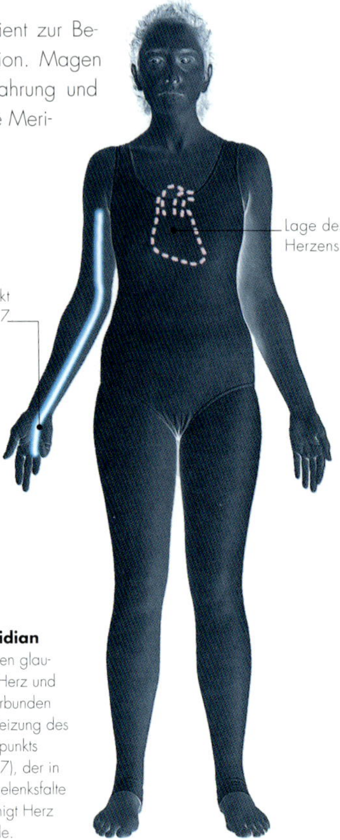

Herzmeridian
Die Chinesen glauben, dass Herz und Gefühle verbunden sind. Die Reizung des Akupunkturpunkts Herz 7 (C 7), der in der Handgelenksfalte liegt, beruhigt Herz und Gefühle.

Übung

Wolkenhände, eine fließende Folge von Qi-Gong-Bewegungen, hilft, die Qi-Energie in Magen und Milz und den zugehörigen Meridianen auszugleichen (siehe Seite 176–177).

Magenmeridian

Die Reizung der Punkte auf dem Bauchteil des Magenmeridians hilft bei Verdauungsproblemen, die Reizung der Kieferpunkte bekämpft Zahnschmerz, die der Fußpunkte Migräne. Der Kniepunkt wird bei Knieverletzungen gereizt.

Milzmeridian

Der mit Milz und Magen assoziierte Geschmack ist süß; so verwendet man Süßholz zur Stärkung der Milz. Die Neigung zur Sorge ist ein Problem, das mit einer Schwäche der Milz und des Magens in Verbindung gebracht wird. Menschen die sich oft Sorgen machen, lieben auch Süßes. Rinderbrühe kann das Milzblut auffüllen. Will man dem Körper helfen, stark zu bleiben, sollte man ausreichend viel und oft gute Nahrung zu sich nehmen, damit die Milz genügend Blut von guter Qualität bilden kann. Man ist, was man isst.

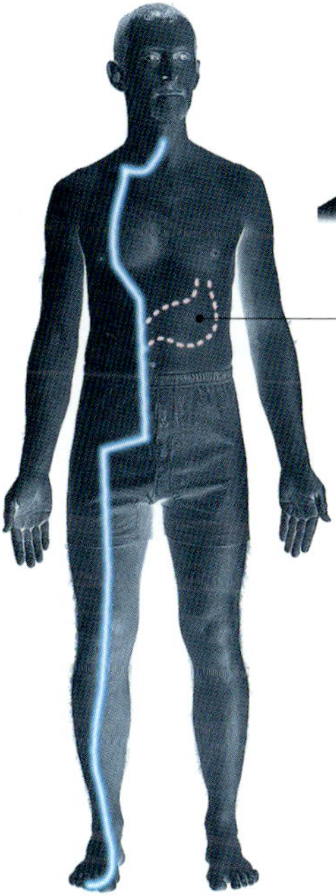

MAGENMERIDIAN

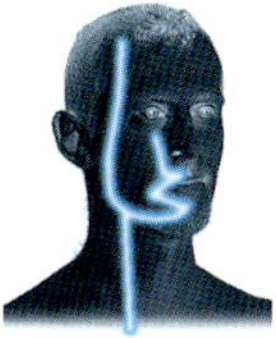

MAGENMERIDIAN

MILZMERIDIAN

Meridiane und Organe: 3

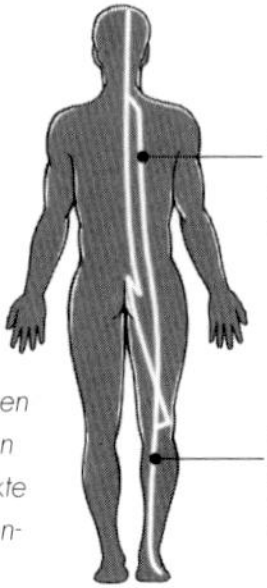

Blase
Rückenschmerzen behandelt man durch Reizpunkte auf dem Blasen-meridian.

Der Dünndarm

Der Dünndarm liegt in der unteren und mittleren Körperhöhle. Er nimmt die vorverdaute Nahrung aus dem Magen auf, verarbeitet sie weiter und leitet sie dem Dickdarm zu. Kann das Qi nicht gleichmäßig durch den Dünndarmmeridian fließen, kommt es zu Verdauungs- und Ausscheidungsproblemen.

Knie streifen und Drehschritt ist eine fließende Folge von Qi-Gong-Bewegungen, die dem Ausgleich der Qi-Energie in Herz und Dünndarm und deren Meridianen dient (siehe Seite 180–183).

Die Blase

Die mit den Nieren verbundene Blase ist für den Wasserhaushalt und die Ausscheidung der Flüssigkeit zuständig. Sie liegt in der unteren Körperhöhle. Sie nimmt Flüssigkeit aus Dünn- und Dickdarm auf, sammelt sie und gibt sie als Urin ab. Ist das Blasen-Qi schwach, kann Inkontinenz die Folge sein. Hitze in der Blase oder Infektionen führen zu Schmerzen und Unregelmäßigkeit beim Wasserlassen oder zu dunklem Urin.

Die Nieren

Die Nieren liegen in der unteren Körperhöhle beiderseits der Lendenwirbel. Sie erzeugen und speichern Elixier (die Vitalkraft, die das Wachstum, die Fortpflanzung und Entwicklung steuert) und sind mit der Energie assoziiert, die wir von unseren Vorfahren geerbt haben. Als Kontrolleure der unteren Körperhöhle beeinflussen sie die Sexualität und die Fortpflanzung sowie die Blasenfunktion. Außerdem nähren sie das Knochenmark, die Spinalflüssigkeit und das Gehirn, Hormone und Blut.

Da die Nieren den Wasserhaushalt regeln, untersucht man sie bei Ödemen (wie auch Lunge und Milz). Da sie Kälte verabscheuen, klagen Menschen mit Knochenverletzungen oft über zunehmenden Schmerz bei Kälte, denn die Nieren kontrollieren auch den Knochenaufbau. Zur Vermeidung von Arthritis sollte man die Nieren stärken (siehe Seite 154–155). Ein schwaches Nieren-Qi kann auch zur Lockerung und Absplitterung der Zähne führen.

Überarbeitung und Krankheit verbrauchen Elixier und schwächen die Nieren, die dann zu schmerzen beginnen. Auch übermäßiger Verlust von Samenelixier kann Nierenschwäche und -schmerzen verursachen. Schwarz ist die mit den Nieren assoziierte Farbe; Menschen mit Gesundheitsproblemen, die die Nieren schwächen, haben dunkle Ringe unter den Augen.

Weitere Informationen

Eine Übung zum **Ausgleich der Qi-Energie im Nieren- und Blasenmeridian** finden Sie auf den Seiten 184–187.

PRAXIS

Reizpunkte auf dem Dünndarmmeridian werden zur Behandlung von Beschwerden im Rücken-, Nacken- und Schulterbereich wie auch bei Verdauungsbeschwerden genutzt. Reizpunkte auf dem Blasenmeridian beeinflussen das Qi der wichtigsten inneren Organe; Punkte auf dem Nierenmeridian wirken auf den Knochenaufbau.

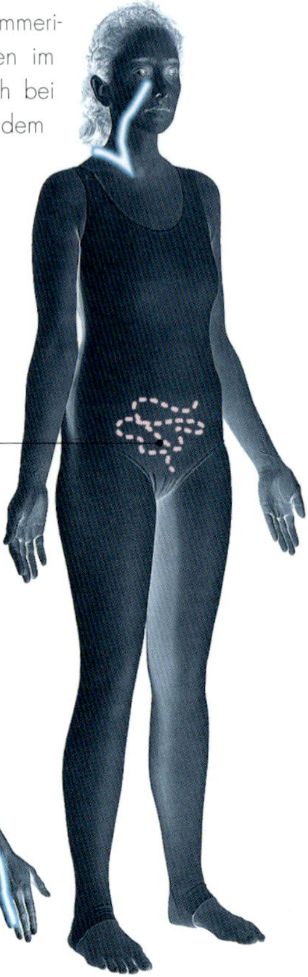

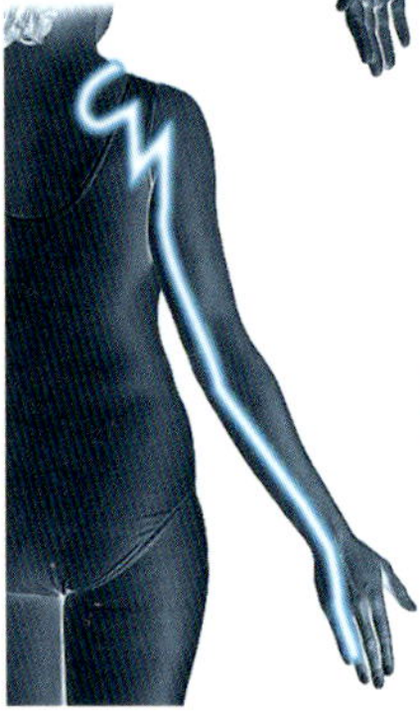

Dünndarmmeridian

Der Reizpunkt Dünndarm 3 (IT 3) dient zusammen mit dem Punkt Blase 62 (V 62) zur Behandlung des Schleudertraumas.

Übung

Knie streifen und Drehschritt: Eine Folge von Qi-Gong-Bewegungen, die dem Ausgleich der Qi-Energie in Herz und Dünndarm und deren Meridianen dient (siehe Seite 182–183).

Blasenmeridian

Die Reizpunkte auf dem Blasenmeridian des Rückens dienen zur Behandlung der wichtigsten inneren Organe.

Nierenmeridian

In der chinesischen Medizin gelten die Nieren als Kontrolleure, unter anderem der Knochen und der Sexualenergie.

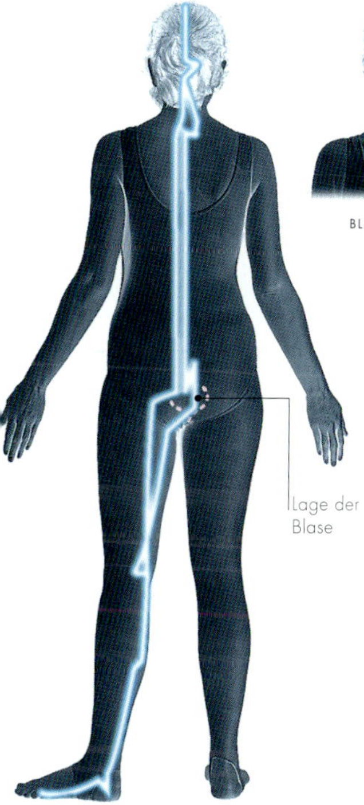

BLASENMERIDIAN

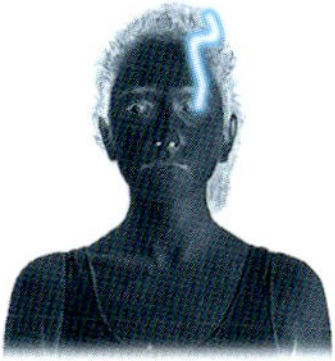

BLASENMERIDIAN

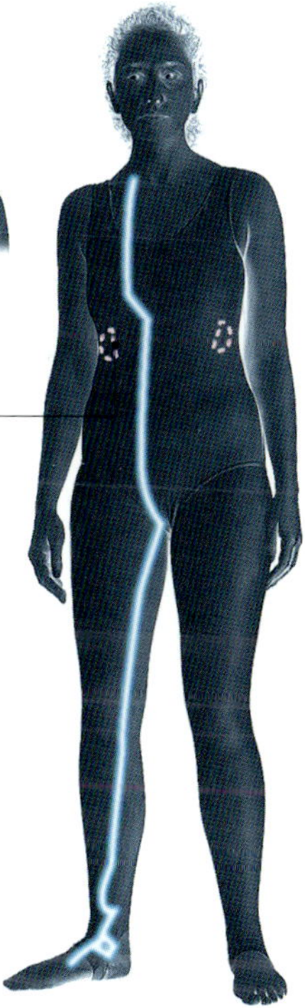

NIERENMERIDIAN

Meridiane und Organe: 4

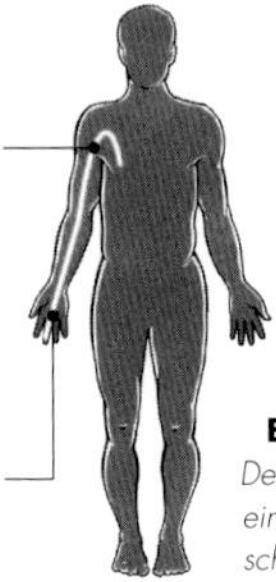

Beschützer
Der Herzbeutel ist ein Yin-Organ; er schützt das Herz.

Der Herzbeutel

Infolge von Krankheit, Gefühlsaufwallung oder Verletzung kann das Qi des Herzens aus dem Gleichgewicht geraten.

Der Herzbeutel (Perikard) ist die äußere Schutzhülle des Herzens und schützt das Herz vor pathogenen Faktoren. Hitze im Herzen zieht Hitze im Perikard nach sich. Deshalb ist es wichtig, einen emotional ausgeglichenen Zustand anzustreben und zu erhalten, d. h. extreme physi-sche oder emotionale Belastungen zu meiden. Man kann Qi Gong nutzen, um Herz, Gefühle und Gedanken zu beruhigen.

Der Dreifach-Erwärmer

Der Dreifach-Erwärmer hilft dabei, die Wärme im Körper zu verteilen. Die Dreifach-Erwärmer sind die obere Körperhöhle (oberhalb des Solarplexus), die mittlere Körperhöhle (zwischen Solarplexus und Nabel) sowie die untere Körperhöhle (unterhalb des Nabels).

Der Dreifach-Erwärmer-Meridian verläuft durch alle drei Höhlen und reguliert ihre Temperatur. Er hilft, das Elixier der Nieren und Körperflüssigkeiten im Körper zu verbreiten und dient hauptsächlich dazu, aufgestaute Körperhitze zu verteilen.

Der Meridian des Dreifach-Erwärmers ist mit dem des Perikards verbunden, weshalb er aufsteigende Hitze abbauen kann, die Herz und Perikard bedrohen.

Die Pforten öffnen, eine Folge von Qi-Gong-Bewegungen, ist eine Übung, die das Qi in den Meridianen des Perikards und des Dreifach-Erwärmers sowie in diesen Organen ausbalanciert (siehe Seite 188–191).

Die Gallenblase

Der Gallenblasenmeridian ist mit dem der Leber verbunden. Fließt das Qi frei durch die Leitbahn, läuft die Gallenfunktion glatt ab. Sie besteht darin, die vom Blut in der Leber produzierte Galle zu empfangen und an den Dickdarm weiterzugeben, wo sie bei der Verdauung hilft.

Die Leber

Die Leber liegt auf der rechten Seite der mittleren Körperhöhle. Fließt das Qi frei durch die Leber, kann sie wirkungsvoll Blut speichern und seinen Fluss regulieren, denn die Leber ist ein Blutreservoir, das je nach Bedarf Blut abgibt. Damit das Blut leicht in die Leber zurückfließen kann, sollte man auf der rechten Seite schlafen. Die Augen sind die Öffnung der Leber; ist das Leberblut mangelhaft, ist auch die Sehkraft schlecht.

Weitere Informationen

Weitere Informationen zur **Heilung von Leber und Gallenblase** finden Sie auf den Seiten 192–195.

PRAXIS

Qi-Gong-Übungen können helfen, das Qi in den Meridianen des Perikards und des Dreifach-Erwärmers auszubalancieren und Blockaden des Gallenblasenmeridians zu lösen.

Dreifach-Erwärmer-Meridian

Eine Hauptfunktion dieses Meridians besteht in der Reduzierung von Hitze, die durch Fieber oder Sonnenstich entstehen kann. Der wichtigste Reizpunkt ist Dreifach-Erwärmer 5 (siehe Seite 104).

Perikardmeridian

Der Reizpunkt Perikard 8, in der Mitte des Handtellers, setzt bei Übungen der Kampf- oder Heilkunst Qi frei.

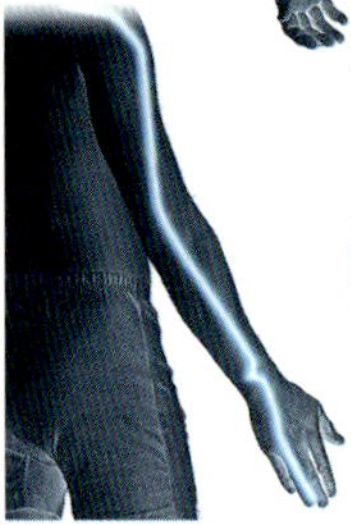

DREIFACH-ERWÄRMER-MERIDIAN

PERIKARDMERIDIAN

Gallenblasenmeridian

Dieser Meridian kontrolliert den vertikalen Fluss des Qi im Körper.

Lebermeridian

Eine unsichtbare Bahn verläuft zum Kopf und beeinflusst die Augen.

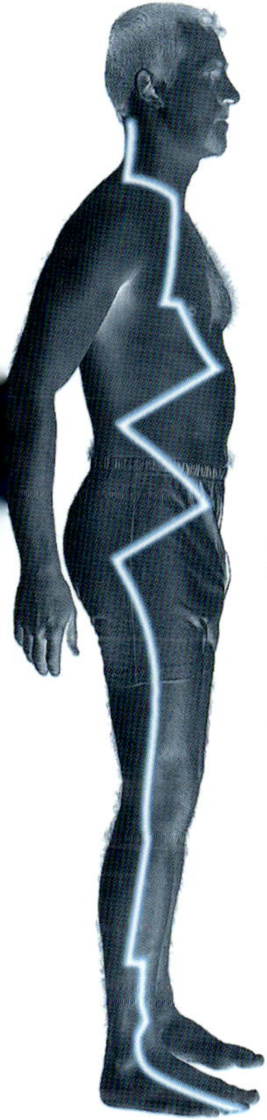

GALLENBLASEN-MERIDIAN

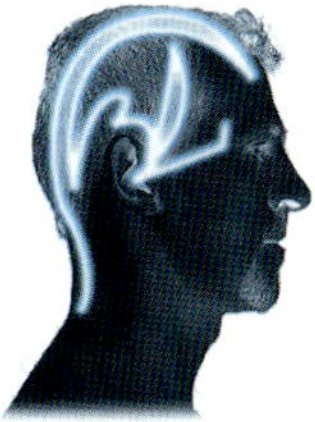

GALLENBLASEN-MERIDIAN

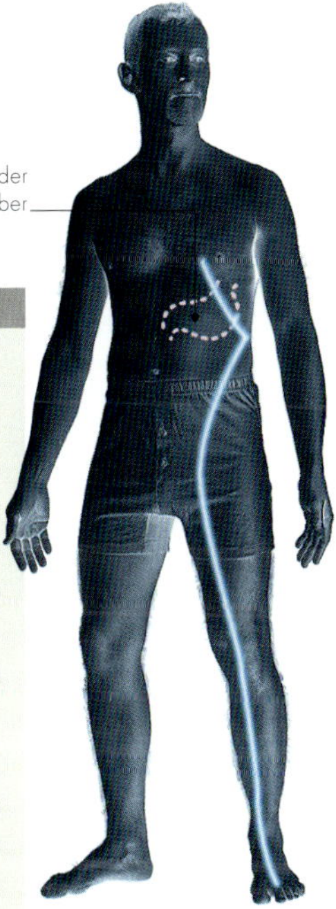

LEBERMERIDIAN

Übung

Rückschritt und den Affen abwehren ist eine Qi-Gong-Bewegungsübung, die dazu dient, das Qi in Gallenblase und Leber und deren Meridianen auszugleichen (siehe Seite 192–195).

Meridiane und Organe: 5

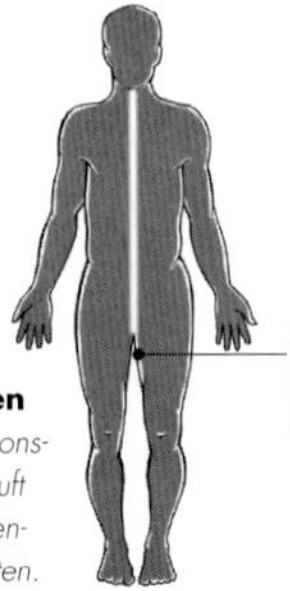

Mittellinien
Das Konzeptionsgefäß verläuft vorn, das Lenkergefäß hinten.

Das Konzeptionsgefäß

Das Konzeptionsgefäß, auch aufnehmende Leitbahn genannt, läuft gerade über die Vorderseite des Körpers vom Damm bis zur Mitte des Unterkiefers innerhalb der Unterlippe.

Fließt das Qi in diesem Meridian ungehindert, kann es alle Yin-Meridiane des Körpers versorgen. Man denkt sich den Meridian als einen großen See voll Wasser, das abwärts durch die Yin-Meridiane läuft und alle inneren Organe nährt, oder als Regen, der auf die Saat fällt und sie wachsen lässt. Vor allem die Yin-Meridiane sind für die Ernährung und Regeneration des Körpers zuständig.

Das Konzeptionsgefäß spielt eine wichtige Rolle bei der Entwicklung der Babys im Mutterleib. Bei schwangeren Frauen kann man es oft als dunkle Linie zwischen Schambein und Nabel erkennen. Viele Punkte auf diesem Meridian liegen direkt über inneren Organen und können eingesetzt werden, um deren Funktion zu kontrollieren.

Ist ein Organ überaktiv (Yang-Zustand), muss das Qi in diesem Reizpunkt reduziert werden. Ist es schwach (Yin-Zustand), muss das Qi vermehrt werden.

Das Lenkergefäß

Die Leitbahn der Steuerung, auch Lenkergefäß genannt, verläuft genau in der Rückenmitte von der Spitze des Steißbeins über den Rücken und den Scheitelpunkt des Kopfes und endet auf dem Zahnfleisch innerhalb der Oberlippe. Fließt das Qi in diesem Meridian ungehindert, sind alle Yang-Meridiane des Körpers gut mit Qi versorgt. Das Lenkergefäß ist wie die Sonne; es strahlt in alle Yang-Meridiane Licht aus und versorgt alle inneren Organe mit Kraft.

Die Yang-Meridiane schützen den Körper vor Krankheitserregern wie Viren, Bakterien und Wettereinflüssen. Im Sommer kann die Hitze zu Austrocknung, Hitzschlag und sogar zum Tod führen, im Winter kann die Kälte Unterkühlung und Tod bringen. Eine ausreichende Menge Qi, das vom Lenkergefäß beigesteuert wird und ungehindert in den Yang-Meridianen fließt, ist also lebenswichtig.

Eine Reihe der Übungen in diesem Buch stärken das Rückgrat, das Teil des Lenkergefäßes ist und von dem alle Nerven ausgehen. Ein gesundes Rückgrat ist für die allgemeine Gesundheit sehr wichtig.

Weitere Informationen

Weitere Informationen zur **Heilung des Rückgrats** finden Sie auf den Seiten 162–169.

PRAXIS

Die Leitbahn der Steuerung und die aufnehmende Leitbahn werden auch „Gefäße" genannt (Lenker- und Konzeptionsgefäß), weil sie eine Menge Elixier und Energie speichern können. Haben sie genügend Qi, fließt es in alle Meridiane.

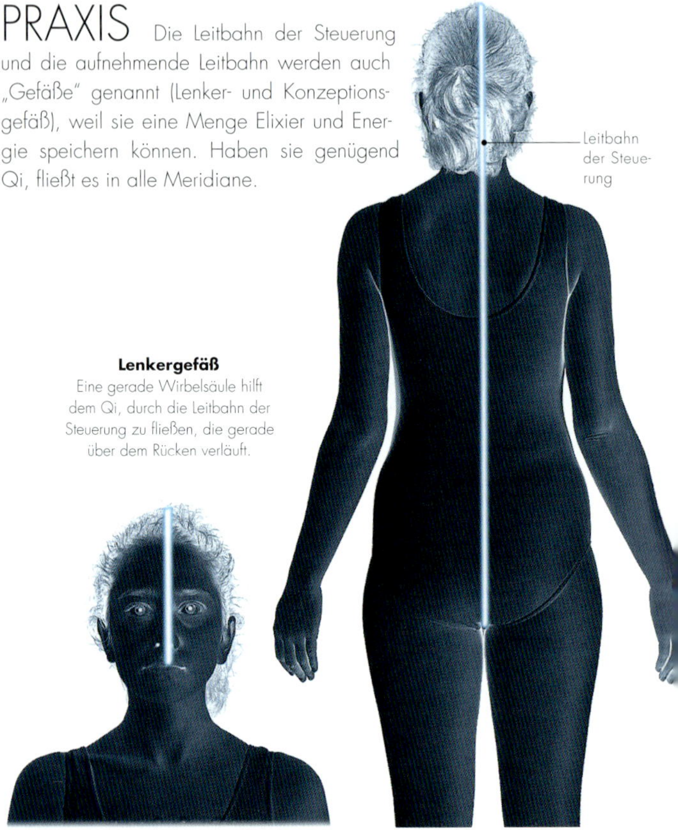

Lenkergefäß
Eine gerade Wirbelsäule hilft dem Qi, durch die Leitbahn der Steuerung zu fließen, die gerade über dem Rücken verläuft.

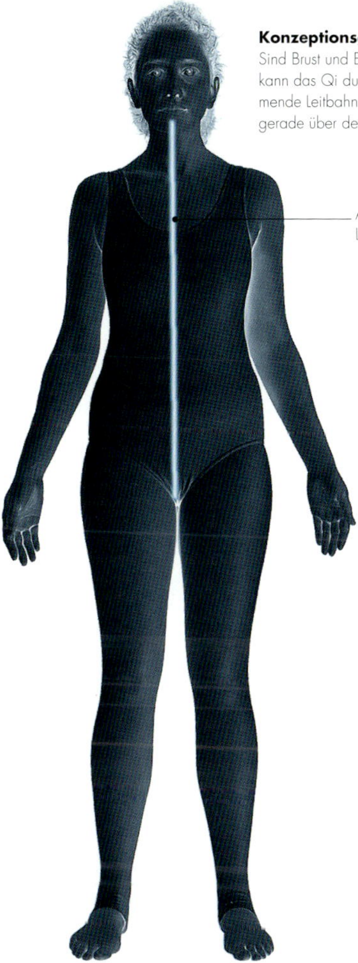

Konzeptionsgefäß

Sind Brust und Bauch entspannt, kann das Qi durch die aufnehmende Leitbahn fließen, die gerade über den Körper verläuft.

Übung

Die Qi-Gong-Übung *Der kleine Qi-Kreislauf* dient dazu, zwischen Lenker- und Konzeptionsgefäß ein Gleichgewicht herzustellen (siehe Seite 112–115).

Die Energiepunkte der Akupunktur

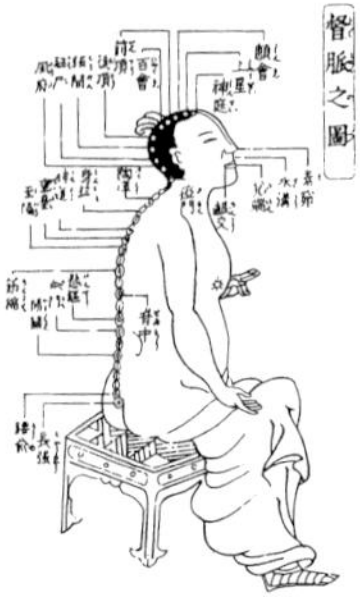

Das Lenkergefäß
Die Leitbahn der Steuerung versorgt die Yang-Meridiane des Körpers.

Die Energiepunkte auf den Meridianen sind Zonen mit hoher elektrischer Leitfähigkeit, an denen der Qi-Fluss besonders effektiv beeinflusst werden kann. Misst man den elektrischen Widerstand der Haut, zeigen all diese Punkte einen geringeren Widerstand als die umgebende Haut. 1991 wurden unter wissenschaftlichen Bedingungen Experimente durchgeführt, um die Kraftfelder der elektromagnetischen Energie des menschlichen Körpers aufzuzeichnen. Man fand heraus, dass die wissenschaftlichen Ergebnisse mit den Erkenntnissen der chinesischen Medizin übereinstimmten; die messbaren Energiepunkte entsprachen den Akupunkturpunkten, die von den Chinesen bereits vor 5000 Jahren dokumentiert wurden.

Körperliche Krankheiten

Eine große Zahl von körperlichen Beschwerden kann man durch Ausbalancierung des Qi in den Meridianen lindern, denn das Meridiansystem bildet ein Netzwerk im Körper. Durch Akupunktur oder Akupressur, also Einwirkung auf die an der Hautoberfläche liegenden Reizpunkte, wird die Aktivität der inneren Organe beeinflusst.

Während man Qi-Gong-Übungen durchführt, kann man die Heilkräfte des Körpers mobilisieren, indem man eine Reihe von Akupunkturpunkten im Uhrzeigersinn oder in entgegengesetzter Richtung presst oder reibt, um so den Qi-Fluss in den Meridianen zu verstärken

oder zu hemmen. Schon die Konzentration auf einen bestimmten Punkt kann den Heilungseffekt in Gang setzen, denn das Qi reagiert auch auf die Kräfte des Geistes. Mithilfe unserer mentalen Kräfte können wir das Qi aktiv durch den ganzen Körper leiten und so die Gesundheit verbessern und Krankheiten heilen. Man kann das Qi zu Heilzwecken sogar aus dem eigenen Körper in einen fremden Körper übertragen.

Verwendung der Punkte

Akupunkteure verwenden die Reizpunkte zur Heilung von Patienten. In Kampfkünsten wie dem Tai Chi schlägt man auf die Punkte des Gegners, um ihn zu besiegen. Anwender des Qi Gong leiten das Qi zum Zweck der Selbstheilung durch die Meridiane.

Weitere Informationen

Weitere Informationen zum **heilenden Qi** finden Sie auf den Seiten 108–111.

ENERGIEPUNKTE

Einige Akupunkturpunkte werden in der Qi-Gong-Praxis häufig verwendet: Niere 1, Perikard 8, Lenkergefäß 20 sowie die Punkte Konzeptionsgefäß 4 und 6. Bevor Sie mit Qi Gong beginnen, sollten Sie mit der Lage der Punkte vertraut sein.

Niere 1

Niere 1 (R 1) liegt auf der Fußsohle und dient dazu, Energie aus der Erde in den Körper zu ziehen.

Perikard 8

Perikard 8 (Pc 8), in der Handtellermitte, entlässt Qi zu Heilzwecken in den eigenen oder einen fremden Körper.

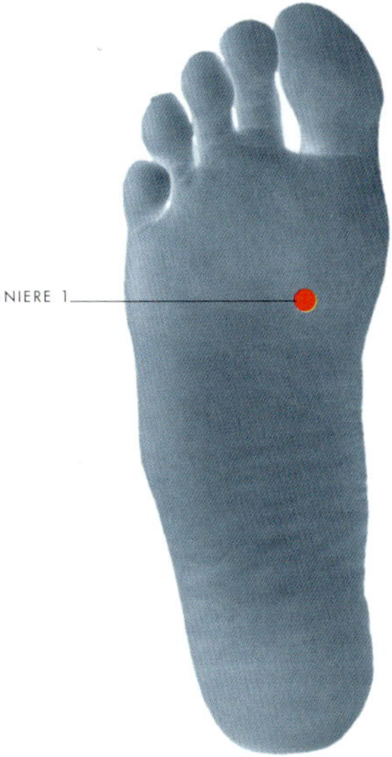

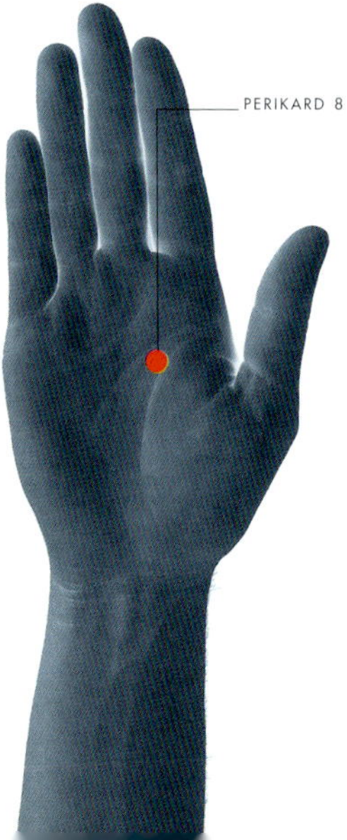

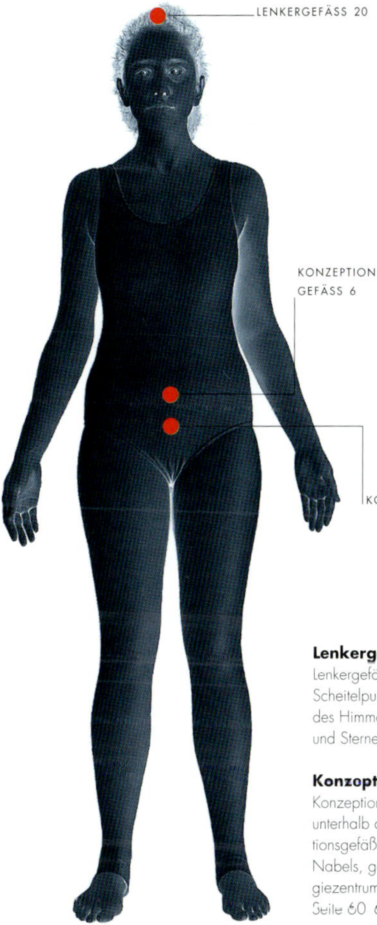

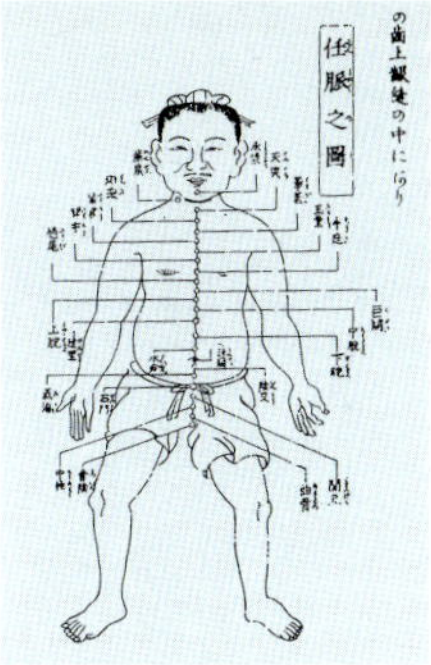

Alte Heilkunst

Archäologen fanden Hinweise auf die Akupunkturpraxis aus der Zeit um 1000 v. Chr.

Lenkergefäß 20

Lenkergefäß 20 (Rg 20) liegt auf dem Scheitelpunkt und dient dazu, Energie des Himmels sowie von Sonne, Mond und Sternen aufzunehmen.

Konzeptionsgefäß 4 und 6

Konzeptionsgefäß 4 (Rs 4), 7,5 cm unterhalb des Nabels, und Konzeptionsgefäß 6 (Rs 6), 4 cm unterhalb des Nabels, gewähren Zugang zum Energiezentrum des unteren Dan Tian (siehe Seite 60–63).

Dan-Tian-Energiezentren

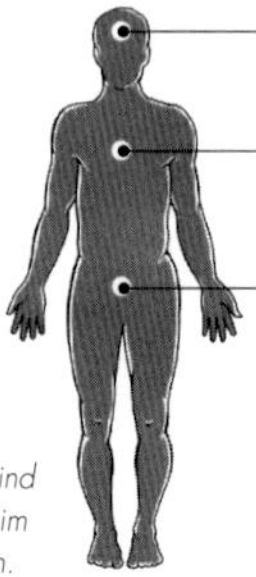

Strudel
Die Dan Tian sind Energiewirbel im Körperinneren.

Es gibt drei Hauptenergiezentren im Körper, die Dan Tian genannt werden, was „Feld des Lebenselixiers" bedeutet. Die alten Chinesen benutzten das Wort „Feld", um der Idee Ausdruck zu geben, dass die Lebensenergie im Körper kultiviert werden muss wie die Frucht auf dem Acker. Die Feldfrucht kann nur gedeihen, wenn alle Faktoren stimmen: Die Erde muss fruchtbar sein, wie auch der Körper kräftig sein muss. Das richtige Saatgut zu wählen bedeutet übertragen, dass der Mensch die richtige Nahrung wählen und positiv denken muss. Die Chinesen sahen sich selbst als Teil der Natur. Sie glaubten, dass Umweltfaktoren im Körperinneren eine Parallele haben. Krankheiten hielten sie für ein Ungleichgewicht der Faktoren: Wie zu viel Sonne zu Dürre und damit zu Ernteausfällen führt, so führt Hitze im Körper zu Austrocknung, Hitzschlag und Tod. Zu viel Regen konnte zu vernichtendem Hochwasser führen; im Körper verursacht ein Überschuss an Wasser Ödeme. Mangelte es an Sonnenlicht (Qi) im Körper, konnte die Winterkälte zu Erfrierungen und Tod führen.

Die Kraft der Elemente

Die Chinesen bezeichneten die von oben kommenden Elementarkräfte als „Himmel". Diese Elemente waren potenzielle Mörder, die direkt oder durch Vernichtung der Ernten menschliches Leben auslöschen konnten. Daraus schloss man, dass der Mensch vom Himmel beeinflusst wird: Die Feldfrüchte brauchten außer der Erde Sonnenlicht und Regen, um zu wachsen, also war auch die Erde vom Himmel abhängig, wie der Mensch abhängig war von der

Nahrung aus der Erde. Himmel, Erde und Mensch bildeten also ein verwobenes Abhängigkeitsverhältnis. Um lange und gesund zu leben, muss, so die Erkenntnis, der Mensch die Exzesse der Natur ebenso bändigen wie seine inneren Gegebenheiten: Er muss mit sich und mit seiner natürlichen Umwelt in Einklang sein.

Das untere Dan Tian sitzt genau unter und hinter dem Nabel, wird mit Erde und Wasser in Verbindung gebracht und ist das Energiezentrum des handelnden Qi.

Das mittlere Dan Tian liegt hinter dem Solarplexus, wird mit Sonne und Feuer assoziiert und beeinflusst die Gefühle. Das obere Dan Tian, in der Mitte zwischen den Brauen gelegen und Energiezentrum allen Denkens, wird mit dem Himmel assoziiert.

Weitere Informationen

Weitere Informationen über die **Energiezentren** finden Sie auf den Seiten 62–63.

ENERGIEZENTREN

Die drei Dan Tian des Körpers liegen auf dem stoßenden Meridian, der durch die Körpermitte verläuft (siehe Seite 128–131). Schüler des Qi Gong profitieren davon, wenn sie sich in den ersten Jahren bei den Qi-Gong-Übungen darauf konzentrieren, Gleichgewicht und Stabilität im unteren Dan Tian zu erlangen.

Geist

Der Geist wird im unteren Dan Tian genährt (siehe Seite 208), aber vom oberen Dan Tian freigesetzt (siehe Seite 210).

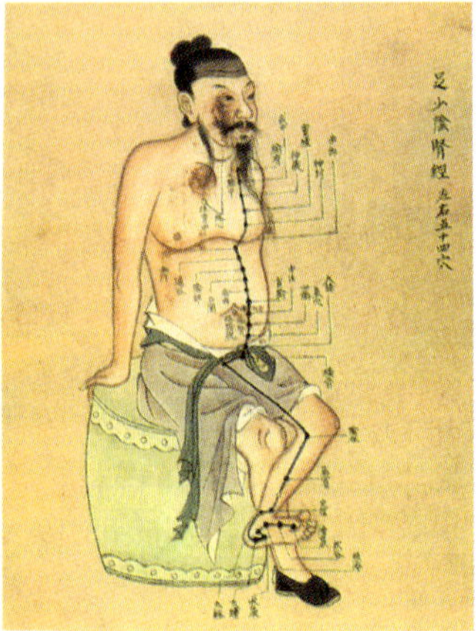

Meridiane

Die Leitbahnen und die Energiezentren hängen zusammen.

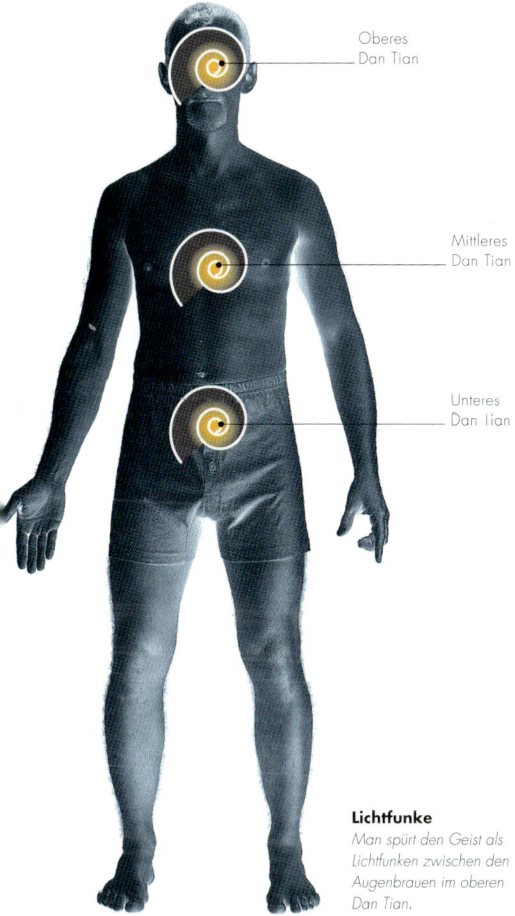

Lichtfunke

Man spürt den Geist als Lichtfunken zwischen den Augenbrauen im oberen Dan Tian.

Mentale Kraft bewegt Energie

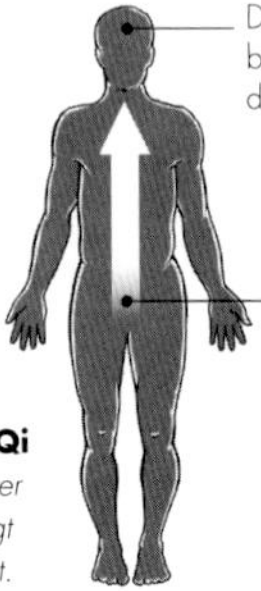

Kopf über Qi
Ein entspannter Geist bewegt das Qi leicht.

Beim Qi Gong wird das Qi durch verschiedene Meridiane geleitet, um die inneren Organe zu nähren und zu heilen. Mentale Kraft bewegt das Qi – entweder, indem man eine bestimmte Körperhaltung einnimmt, die einen ausgewählten Meridian aktiviert, oder indem man auf eine bestimmte Art atmet, wodurch das Qi vermehrt und seine Bewegung beschleunigt wird.

Daneben gibt es eine dritte Möglichkeit. Da der Mensch die Fähigkeit besitzt, seine Gedanken bei großer Konzentration zu bündeln, ist er in der Lage, das Qi durch das Meridiansystem zu spezifischen Zielen zu führen. Die mentale Kraft leitet das Qi wie einen Pfeil, an dem ein Faden befestigt ist. Wenn ein Scharfschütze das Schwarze in der Zielscheibe anvisiert, konzentriert er sich auf einen Punkt außerhalb seiner selbst, damit der abgeschossene Pfeil sicher sein Ziel erreicht.

Bei einer Qi-Gong-Übung konzentriert man sich auf einen Punkt im eigenen Inneren, um das Qi zu diesem Ziel zu lenken. Übungen wie *Das Qi mit mentaler Kraft durch die Meridiane leiten* (siehe Seite 108–111), *Der kleine Qi-Kreislauf* (siehe Seite 112–115), *Der große Qi-Kreislauf* (siehe Seite 124–127) und *Kreislauf durch die drei Dan Tian* (siehe Seite 128–131) helfen, durch den Einsatz mentaler Kraft gesund zu bleiben, denn die Bewegung des Qi bewirkt ihrerseits die Bewegung des Blutes und anderer Körperflüssigkeiten.

Regelmäßige Übung

Bei regelmäßiger Übung nehmen die geistigen Kräfte zu: Es fällt leichter, Emotionen und innere Energien zu steuern. Ist das erreicht, werden Sie bald Ihr Leben verbessern können. Auf der Grundlage dessen, was das Beste und Angemessenste ist, können Sie Entscheidungen treffen und sind nicht länger hilflos seinen Ängsten und Wünschen ausgesetzt. Für viele Männer ist die Befriedigung ihrer sexuellen Lust eine mächtige Triebfeder ihrer Entscheidungsfindung. Weil sie ihre sexuelle Energie nicht unter Kontrolle haben, sagen, tun und denken sie das Falsche. Auf den Seiten 134–145 finden Sie Übungen, die dazu beitragen, die Sexualenergie durch mentale Kraft zu kontrollieren.

Weitere Informationen

Weitere Informationen zur **Bewegung des Qi** durch mentale Kraft finden Sie auf den Seiten 108–111.

QI-GONG-ÜBUNGEN

Die von Millionen Chinesen täglich praktizierten Qi-Gong-Übungen erhöhen die Energie und regen ihre glatte Zirkulation im Körper an. So wird die Gesundheit auf allen Ebenen – der körperlichen, mentalen, emotionalen und schließlich der spirituellen – verbessert. Wir beginnen mit Atemübungen und verschiedenen Positionen. Dann kommen wir zu Übungen, die wenig greifbar scheinen, lernen wir doch, durch die Kraft des Denkens Energie im Körper zu bewegen. Zuletzt befassen wir uns mit dem abstraktesten Aspekt unserer selbst – dem Geist. Im Westen betont man die Bedeutung von kardiovaskulären Übungen und von Aerobic, in China dagegen den freien Fluss des Qi durch das Meridiansystem. Doch die westliche Perspektive steht dem Qi Gong nicht im Weg. Qi Gong ist keine Religion, es ist ein Übungssystem, das allen nützen kann.

Qi-Gong-Atmung

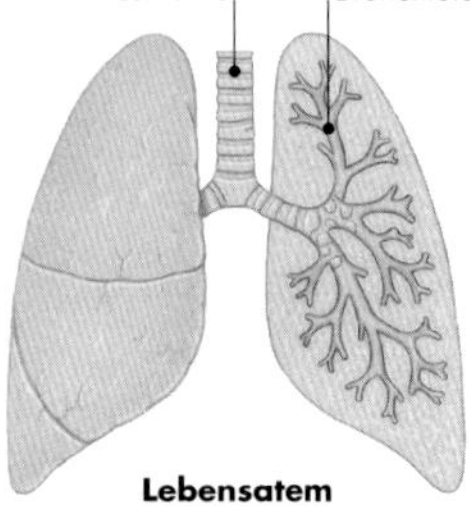

Lebensatem
Qi-Gong-Atmung stärkt das defensive Qi.

Die beim Qi Gong praktizierte Bauchatmung wirkt regulierend auf Körper, Emotionen, Energie, Denken und Geist, die alle miteinander verbunden sind.

Die meisten Menschen wissen, dass ein tiefer Atemzug durch die Nase und langsames Ausatmen durch den Mund Stress abbaut. Dies zeigt, wie beruhigend eine regulierte Atmung auf Körper, Emotionen und Geist wirken kann.

Die Qi-Gong-Bauchatmung aktiviert die Energie des unteren Dan Tian und hilft so dem Qi, von dort aus zu allen anderen Körperteilen zu gelangen. Die Atemübungen generieren also Qi und pumpen es durch den ganzen Körper, wodurch zugleich alle inneren Organe massiert und gestärkt werden.

Die Qi-Gong-Atmung wird zunächst in verschiedenen Positionen geübt – der Mutter-, Vater-, Tochter- und Sohnposition (siehe Seite 72–87).

Diverse Arten der Atmung

Es gibt vier Arten der Qi-Gong-Bauchatmung: Die erste ist die obere Bauchatmung; sie stärkt durch Nahrung oder Luft erworbenes Qi. Die zweite ist die umgekehrte untere Bauchatmung, sie stärkt das ererbte Qi und das Elixier. Die dritte ist die Wellenatmung, die die erste und zweite Bauchatmung kombiniert. Die vierte ist die so genannte Schildkrötenatmung – eine ganz langsame Form der Wellenatmung mit je einer Pause zwischen dem Ein- und dem Ausatmen sowie dem Aus- und dem Einatmen.

Beim Einatmen bewirken Wellen- und Schildkrötenatmung, dass das ererbte Qi und das Elixier des Unterleibs in den Oberbauch transportiert werden, wo sie sich mit dem erworbenen Qi mischen, das dadurch gestärkt wird. Beim Ausatmen kehren sie in den Unterleib zurück und festigen die Stärke und Vitalität des Energiezentrums im unteren Dan Tian.

Anfänger sollten nur die obere Bauchatmung einsetzen. Fortgeschrittene können auch die anderen Atemtechniken verwenden.

Die Qi-Gong-Atmung pumpt den Körper voll mit Qi. Das stärkt die innere Energie und die Abwehrkräfte. Der Körper erwirbt Resistenz gegen Viren, Bakterien und Wettereinflüsse. Mit der Zeit praktiziert man die Qi-Gong-Atmung automatisch im Wachzustand wie im Schlaf.

Weitere Informationen

Weitere Informationen zur **Qi-Gong-Atmung** finden Sie auf den Seiten 70–71.

QI-GONG-ATMUNG

Hierbei setzt man auf mentale Kraft und nicht auf Muskelanspannung. Man sollte den Mund geschlossen halten, die Zunge an den Gaumen legen und langsam und ruhig durch die Nase atmen. Die Brust sollte entspannt sein, während sich der Bauch beim Ein- und Ausatmen ausdehnt und wieder zusammenzieht. Atmen Sie so leise, dass Sie die eigenen Atemzüge nicht hören.

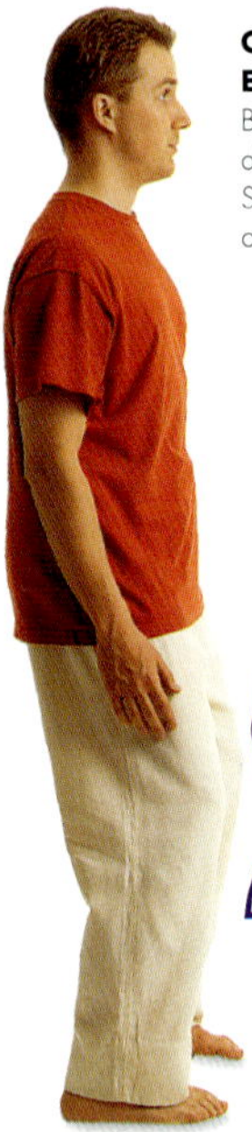

Obere Bauchatmung: Einatmen

Beim Einatmen soll sich der Bereich zwischen Solarplexus und Nabel ausdehnen.

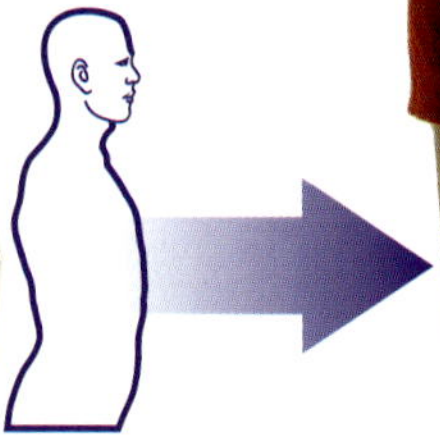

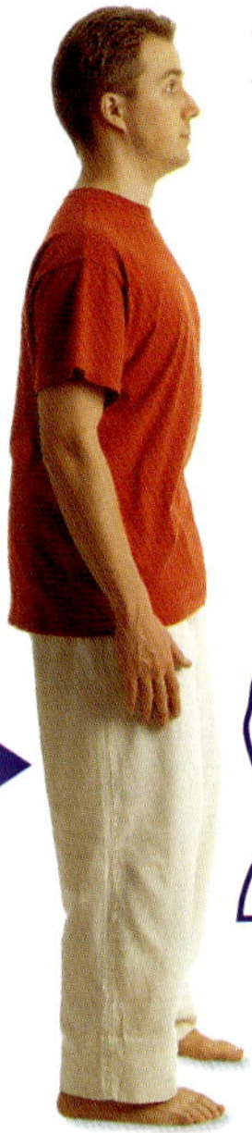

Obere Bauchatmung: Ausatmen

Beim Ausatmen soll sich der Bereich zwischen Solarplexus und Nabel zusammenziehen.

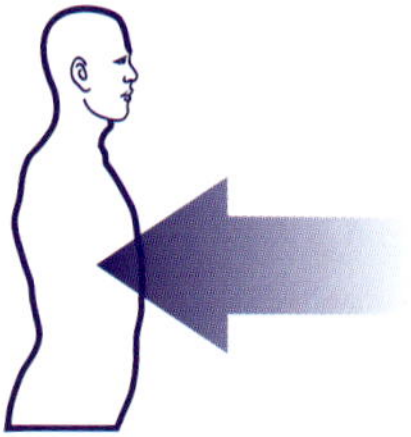

Umgekehrte untere Bauchatmung: Einatmen

Beim Einatmen soll sich der Bereich zwischen Nabel und Schambein zusammenziehen.

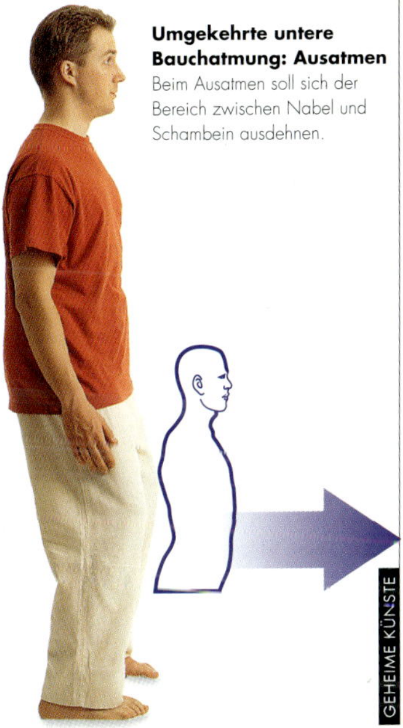

Umgekehrte untere Bauchatmung: Ausatmen

Beim Ausatmen soll sich der Bereich zwischen Nabel und Schambein ausdehnen.

Die Mutterposition

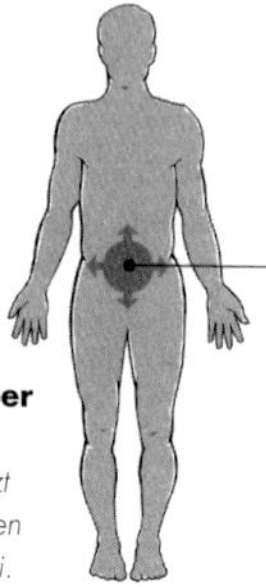

Energiegeber
Die Mutterposition setzt Qi des unteren Dan Tian frei.

Die Mutterposition ist eine Körperhaltung, in der man 15 Minuten lang bewegungslos verharrt, um Qi des unteren Dan Tian freizusetzen, damit es in den Rest des Körpers fließt. Vater-, Tochter- und Sohnposition können ihr folgen.

Übung

Die Füße stehen parallel und so weit auseinander, dass sie sich 2,5 cm außerhalb der Schulterbreite befinden. Das Körpergewicht liegt über dem Akupunkturpunkt Magen 41, wo die Vorderseite des Schienbeinknochens auf den Fuß trifft. Die Fußsohlen bilden einen leichten Bogen, sodass sich der Punkt Niere 1 so eben vom Boden hebt (siehe Seite 58). Die Knie leicht beugen und etwas nach außen schieben. Das Kreuz liegt gerade unter dem Körper, die Region der Lendenwirbel ist gestreckt.

Das Kinn anziehen und den Hinterkopf anheben, sodass das gesamte Rückgrat gerade und aufgerichtet ist. Die Zunge an den Gaumen legen.

Die Arme in Hufeisenform vor dem Körper halten, als umarmte man einen Baum (Ellbogen nicht anwinkeln). Die Hände mit den Handflächen zu sich gerichtet öffnen, die Haut zwischen Daumen und Zeigefinger ist gestreckt. Die Hände sind konkav, als hielten sie einen Fußball. Die Finger zeigen in einem leicht diagonalen Winkel nach oben und berühren sich nicht. Die Hände sind Yin (Innenflächen leicht zusammengezogen, Außenseite leicht gestreckt). Eine Yin-Hand entlässt Yang-Qi-Energie.

Unter den Armen, die man fast im 90-Grad-Winkel vom Körper fern hält, sollte viel Platz sein. Die Ellbogen liegen knapp unter der Schulterhöhe, die Hände in Höhe des Halses 5 bis 7,5 cm voneinander entfernt. Entspannt geradeaus auf einen fernen Horizont blicken und an nichts denken.

Schultern und Bauch sollen so entspannt wie möglich sein. Das führt zu einem Gefühl der Fülle im Bauch. Wenn sich auch die inneren Organe entspannen, setzt der Qi-Fluss innere Sekretionen in Gang – es gurgelt im Bauch.

Nach der Übung das Qi in das untere Dan Tian zurückführen und dort speichern (siehe Seite 88–95) oder zur nächsten Position übergehen.

Während der ersten Übungsmonate hält man die Position einfach, später kann man die vier Arten der Qi-Gong-Atmung einsetzen. Nichts überstürzen – was Sie langsam erwerben, hält wesentlich länger.

Weitere Informationen

Weitere Informationen zur **Atmung** finden Sie auf den Seiten 68–71.

MUTTERPOSITION

Diese Position kann man für sich üben oder als ersten Teil einer Folge von Positionen, die das Qi in verschiedene Körperteile leiten. Der Übende hat dabei in einer allgemeinen Reihenfolge ablaufende Empfindungen: Zunächst spürt man meist ein warmes Strahlen, das sich vom Bauch her ausbreitet. Da es Kälte vor sich hertreibt, wird man zuerst kalte Hände und Füße, dann kalte Finger und Zehen haben, bis schließlich der ganze Körper warm ist. Zuletzt scheint der Körper in die Erde zu sinken, während der Geist zum Himmel schwebt. Man ist da und nicht da, schwer im unteren und leicht im oberen Körperbereich. Man ist ganz bei sich selbst und expandiert nach außen. Das Bewusstsein spaltet sich zwischen physischem und spirituellem Körper; man blickt von oben her auf sich selbst hinunter.

MUTTER

Handstellung

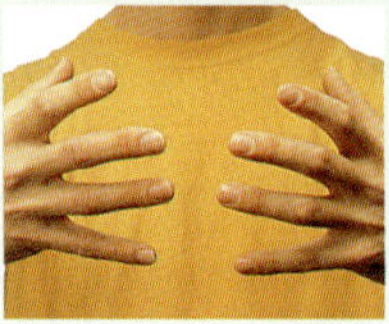

Die Hände sind offen, aber nicht gespannt. Daumen und Finger berühren sich nicht.

Frei fließendes Qi

Wo das Qi blockiert wird, empfindet man einen Schmerz oder Zittern. Verstärkt sich der Qi-Fluss, lösen sich diese Empfindungen auf. Man beginnt, leicht vor und zurück zu schaukeln. Bei Männern beginnt eine leichte Drehung im Uhrzeigersinn, bei Frauen in der Gegenrichtung. Auch ein Kribbeln in den Fingerspitzen und auf dem Scheitel mag zu spüren sein. Schließlich sind Körper und Hände von einem elektromagnetischen Kraftfeld umgeben.

Die Vaterposition

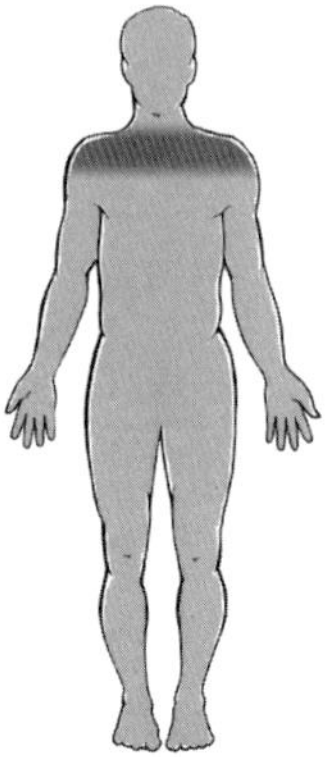

Starke Schultern

Die Vaterposition bewegt das Qi durch die Schultern.

Die Vaterposition lässt Qi durch die Schultern, den oberen Rücken und den Nacken fließen. Sie eignet sich also gut, um ein Schleudertrauma, Verspannungen, einen steifen Nacken oder Ähnliches zu behandeln. Sie wirkt auf den Herz- und Dünndarmmeridian, da sie die Sehnen beugt, die hier bis zum Ringfinger und zum kleinen Finger verlaufen.

Übung

Die Position entspricht der Mutterposition: Nur die Hände werden nach außen gedreht und schräg geneigt, sodass die Daumen dem Körper nah sind und man die Fingerrücken sieht, wobei der kleine Finger am weitesten entfernt ist.

Waren die Hände in der Mutterposition Yin, so sind sie nun Yang, d. h. die Handflächen sind leicht gestreckt, die Außenseiten etwas zusammengezogen. Die Yang-Hand setzt Yin-Qi-Energie frei. Bei bewegungslosen Positionen wie diesen wird dem Übenden die Aktivität von Yin- und Yang-Qi nicht so bewusst. Bei den später beschriebenen Bewegungssequenzen spielt sie dagegen eine wichtige Rolle.

Sammeln Sie das Qi nach der Übung im unteren Dan Tian und speichern Sie es dort (siehe Seite 88–95)!

Dichtung und Qi Gong

Dieses Buch enthält einige meditative Gedichte, die helfen, die richtige Geisteshaltung zu finden.

VOR ERSCHAFFUNG DES UNIVERSUMS

Es gibt weder Laut noch Form.
Der Körper muss so
durchsichtig sein wie Luft.

Folge dem Pfad der Natur
wie dem Klingen einer Glocke,
die an der Decke
eines alten Tempels hängt.

LI TAO TZE

VATERPOSITION

Bis auf die Handhaltung entspricht die Vaterposition exakt der Mutterposition. Man kann sie als eigene Position zur Heilung der Schultern nutzen oder als Fortsetzung einer Folge, die mit der Mutterposition beginnt. Beide Positionen hält man 15 Minuten lang. Ist sie Teil einer Sequenz, lässt man die Arme nicht sinken, sondern dreht nur die Hände. Atmen Sie bei Beginn der Drehung ein. Ist die Drehung vollzogen, wieder ausatmen. Sie können alle vier Arten der Qi-Gong-Atmung in dieser Position durchführen. Wie bei der Mutterposition spüren Sie Schmerz und Zittern, wo das Qi blockiert wird; diese lassen nach, sobald das Qi frei fließt.

Handstellung

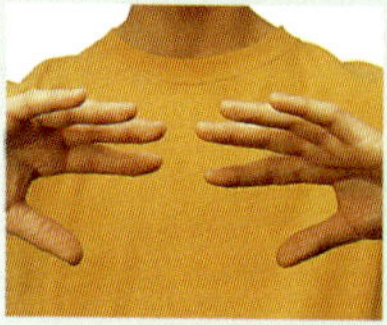

Die Handflächen zeigen nach außen, die Daumen sind dem Körper am nächsten, die kleinen Finger am fernsten. Herz- und Dünndarmmeridian sind durch die Beugung im kleinen Finger und im Ringfinger aktiviert.

VATER

1 *Die Füße stehen etwa 2,5 cm weiter voneinander entfernt als die Schulterbreite beträgt.*

2 *Die Knie leicht beugen und etwas nach außen schieben. Das Kreuz liegt unter dem Körper.*

3 *Das Kinn leicht anziehen und den Hinterkopf anheben. Die Arme in Hufeisenform vor dem Körper halten.*

4 *Hände öffnen, Handflächen so nach außen drehen, dass die Daumen dem Körper am nächsten, die kleinen Finger am fernsten sind. Geradeaus auf einen fernen Horizont blicken, an nichts denken. Diese Position 15 Minuten halten.*

Die Tochterposition

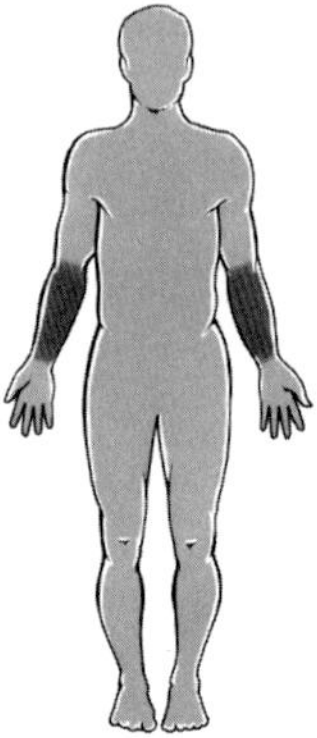

Kräftige Arme
Die Tochterposition bewegt Qi durch Ellbogen und Unterarme.

Die Tochterposition leitet Qi-Energie durch die Ellbogengelenke und die Unterarme. Sie ist deshalb gut zur Behandlung von Tennisellbogen, einigen Arten des Karpaltunnelsyndroms oder Reizzuständen durch Tipparbeiten am Computer. Die Position dient ebenso zur Vorbeugung wie zur Heilung bereits eingetretener Schäden.

Übung

Die Position entspricht der Mutterposition, nur die Arme werden etwas tiefer (etwa in Höhe des Solarplexus) gehalten. Wie bei den vorherigen Positionen muss Raum unter den Armen bleiben, als befände sich dort ein Fußball. Die Handflächen zeigen leicht nach innen gedreht nach unten, sodass Daumen und Zeigefinger eine Rautenform bilden. Die Hände sind leicht Yin.

Die Position kann für sich eingenommen werden oder als Teil einer Sequenz. Nach der Übung das Qi in das untere Dan Tian zurückführen und dort speichern (siehe Seite 88–95).

Wu Chi

Bei der Ausführung von Qi-Gong-Übungen sollten Geist und Körper in den Zustand des Wu Chi eintreten. In diesem Zustand fühlt man sich ruhig und zentriert, man ist ausgeglichen und bewusst. Der Körper fühlt sich an, als würde er von der ausgedehnten Energie getragen, die man in ihm geschaffen hat.

TAO TE CHING

Eine Form ohne Gegenstand.

Sie ist flüchtig und schwebend.

Laufe in sie hinein und schau
nicht ihr Gesicht,
folge ihr und betrachte nicht
ihren Rücken.

Nimm den Weg der Ahnen,
um die Gegenwart zu meistern.

LAO TZU

TOCHTERPOSITION

Man kann sie als eigene Position zur Heilung der Ellbogen und Unterarme nutzen oder als Fortsetzung einer Folge, die mit der Mutter- und Vaterposition begann. Jede der Positionen hält man 15 Minuten. Ist sie Teil einer Sequenz, sollten Sie einatmen, wenn Sie die Arme in die nächste Stellung bringen. Sind sie auf der Höhe des Solarplexus, atmen Sie aus. Auch in dieser Position können Sie alle vier Arten der Qi-Gong-Atmung durchführen. Die Fingerspitzen fühlen sich warm und voll an, wenn Qi und Blut in die Hände strömen. Die Hände werden warm, schwer und weich, fühlen sich aber dicht wie Blei an.

Handstellung

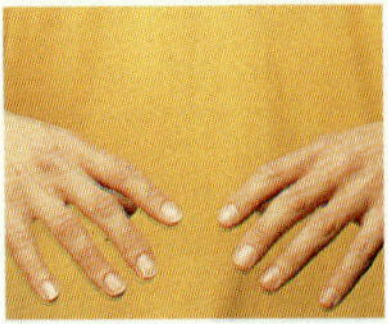

Die Handflächen sind leicht nach innen gedreht und zeigen nach unten. Wenn das Qi durch die Unterarme in die Hände fließt, wird es sich anfühlen wie warmes Wasser, das sanft einen Hügel hinabläuft.

TOCHTER

1 *Die Füße stehen etwa 2,5 cm weiter voneinander entfernt als die Schulterbreite beträgt.*

2 *Die Knie leicht beugen und etwas nach außen schieben. Das Kreuz liegt unter dem Körper.*

3 *Das Kinn leicht anziehen und den Hinterkopf anheben.*

4 *Die Arme vor dem Körper halten, etwas tiefer als in der Mutterposition, etwa in Höhe des Solarplexus. Die Handflächen nach unten und leicht nach innen drehen.*

5 *Geradeaus auf einen fernen Horizont blicken, an nichts denken. Die Position 15 Minuten halten.*

Die Sohnposition

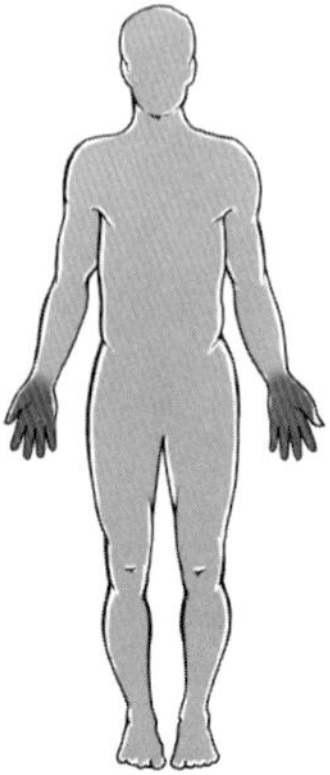

Fähige Hände
Die Sohnposition leitet Qi in Handgelenke und Hände.

Die Sohnposition leitet Qi-Energie durch Handgelenke und Hände. Sie eignet sich deshalb zur Behandlung des Karpaltunnelsyndroms, von Reizzuständen durch Computerarbeit, Arthritis der Hände und Finger sowie Kreislaufproblemen, die zu kalten Extremitäten führen. Die Position dient ebenso zur Heilung solcher Schäden wie zur ihrer Vorbeugung.

Übung

Die Sohnposition entspricht genau der Tochterposition, lediglich die Handflächen sind in leichtem Yang einander zugewandt und zeigen ein wenig nach unten. Zwischen den Händen muss etwa 11 cm Raum bleiben; die Punkte Perikard 8 liegen einander gegenüber.

Nach Beendigung der Übung das Qi in das untere Dan Tian zurückführen und dort speichern (siehe Seite 88–95).

Die Hände zum Heilen aufladen

In der Sohnposition kann man eine besondere Qi-Gong-Übung durchführen, um die Hände mit Qi aufzuladen. Man hat dann ein Gefühl, einen Ball aus warmer elektromagnetischer Energie zwischen den Händen zu halten.

Versuchen Sie beim Einatmen die Hände auseinander zu ziehen. Stellen Sie sich dabei aber vor, sie würden wie sich anziehende Magnete zusammengehalten. Die Hände sollten sich um höchstens 2,5 cm bewegen. Versuchen Sie beim Ausatmen die Hände zusammenzudrücken, stellen Sie sich aber vor, sie würden wie sich abstoßende Magnete auseinander gedrängt. Die Hände kommen in die Ausgangsstellung zurück.

Wenn sich die Hände aufeinander zu bewegen, bilden sie eine Yang-Form, gehen sie auseinander, werden sie yinförmig. Keinesfalls dürfen sie sich berühren.

Mit zunehmender Übung steigert sich das Qi-Gefühl; physisch bewegt man die Hände immer weniger – Beobachter bemerken gar keine Bewegung –, doch man selbst spürt ein Pulsieren, Brummen und Vibrieren. Jetzt kann man durch Handauflegen einen eigenen oder fremden Körperteil heilen.

Weitere Informationen

Weitere Informationen zu **heilenden Händen auf den Nieren** finden Sie auf den Seiten 154–155.

SOHNPOSITION

Diese Übung spiegelt die Tochterposition. Lediglich die Hände sind einander zugewandt, haben leichte Yang-Form und zeigen minimal nach unten. Die Position kann als Einzelübung durchgeführt werden, um Handgelenke und Hände zu heilen, oder im Anschluss an die vorher erwähnten Positionen. Jede Position wird 15 Minuten lang gehalten. Bildet die Position Teil einer Sequenz, atmet man ein, wenn man die Hände zu drehen beginnt. Man atmet aus, wenn die Hände die entsprechende Stellung haben. Auch in dieser Position kann man alle vier Arten der Qi-Gong-Atmung durchführen.

Handstellung

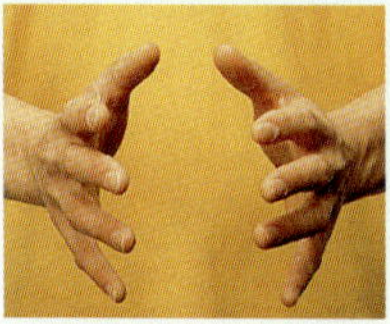

Die Handflächen liegen sich gegenüber und weisen minimal nach unten. Wenn die Hände mit Qi geladen sind, fühlt es sich an, als hielte man einen leuchtenden Ball aus Heilenergie.

SOHN

1 *Die Füße stehen etwa 2,5 cm weiter voneinander entfernt als die Schulterbreite beträgt.*

2 *Die Knie leicht beugen und etwas nach außen schieben. Das Kreuz liegt unter dem Körper.*

3 *Das Kinn leicht anziehen und den Hinterkopf anheben.*

4 *Die Arme vor dem Körper halten, etwas tiefer als in der Mutterposition, etwa in Höhe des Solarplexus. Die Handflächen liegen einander gegenüber und zeigen minimal nach unten.*

5 *Geradeaus auf einen fernen Horizont blicken, an nichts denken. Position 15 Minuten halten.*

Energie in das untere Dan Tian bringen

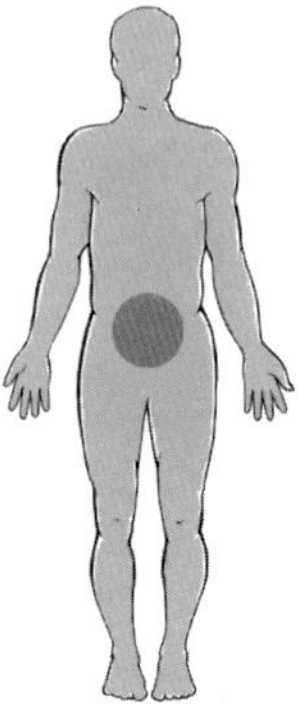

Qi-Speicher
Nach den Übungen das Qi unbedingt im Bauch speichern.

Ich kann gar nicht genug betonen, wie wichtig es ist, das Qi nach den Übungen wieder in die Bauchregion zu bringen. Tut man das nicht, kann es zu Nebenwirkungen – etwa einer Überhitzung des Herzens oder des Gehirns – kommen, was zu Migräne, Kopfschmerzen, Schlaflosigkeit oder unkontrollierten Gefühlsausbrüchen führen kann. Auch Bluthitze kann sich stauen. Dann kommt es zu Kreislaufproblemen, schlimmstenfalls zu Blutstau und Blutgerinnseln.

Durch die Übungen heizt sich das Qi auf, weil es aktiviert und durch die Qi-Gong-Atmung angeregt wird. Während man das Qi in das untere Dan Tian zurückleitet, vermeidet man die Bauchatmung; das Qi kühlt sich ab. In der unteren Körperhöhle wird das Qi durch das kühle Elixier der Nieren und des Dan Tian zu Elixier (die vitale Kraft, die das Wachstum, die Fortpflanzung und Entwicklung steuert) kondensiert. Dieses Elixier braucht der Körper, um die inneren Organe sowie Rückenmark und Gehirn zu ernähren.

Aktivität ist Yang und bildet Qi; Ruhe ist Yin und bildet Elixier. Üblicherweise fließt das erwärmte Qi in den Yang-Meridianen, wo es die Körperfunktionen stärkt. Das kühle Qi (Elixier) fließt in den Ying-Meridianen, nährt und regeneriert den Körper.

Innenstadt-Blues

In der westlichen Welt leben 90 Prozent der Menschen in Städten, die immer mehr mit Umweltgiften durchsetzt werden. Ständig gehetzt, leiden sie vor allem an Stress, was den Körper überhitzt.

Stadtmenschen tut es deshalb gut, sich im Bauch zu zentrieren und das heiße Qi zu kühlen: Sie werden dann spürbar ruhig, gelassen und ausgeglichen.

Menschen, die zu viel arbeiten und die zu vielen Freizeitaktivitäten nachgehen, fühlen sich im wörtlichen Sinne oft ausgebrannt, weil ein Überschuss an Yang in ihnen einen Mangel an Yin erzeugt hat.

Weitere Informationen

Weitere Informationen zur **Erlangung von Ruhe** finden Sie auf den Seiten 98–99.

DAS QI SAMMELN

Nach den Qi-Gong-Übungen müssen Sie das Qi unbedingt in den Bauch (genauer in das untere Dan Tian) zurückbringen. Im Folgenden wird gezeigt, wie das geht. Es gibt keine Anweisung, wie lange man die Position halten muss, denn das wechselt von Individuum zu Individuum und von Tag zu Tag. Wer in letzter Zeit sehr aktiv war, dessen Qi braucht länger, um in das Dan Tian zurückzukehren. Damit Sie spüren können, ob Sie die Position lange genug eingehalten haben, müssen Sie sich bewusst werden, was Sie im Bauch fühlen. Wenn sich das Qi dort sammelt, fühlt sich der Bauch voll und stofflich an, der Kopf dagegen leer. Sie spüren ganz deutlich sein Zentrum der Schwerkraft, zugleich empfinden Sie Kraft, Stärke und Selbstsicherheit – als könnten Sie alles erfolgreich vollbringen.

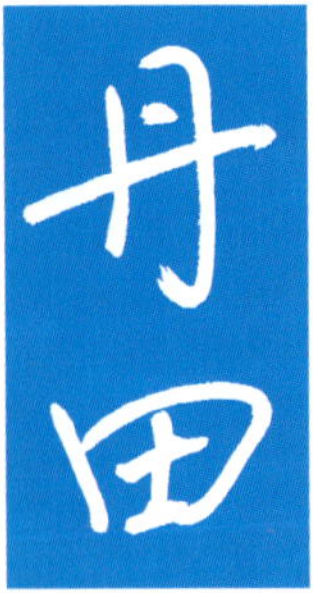

DAN TIAN

1 *Die Spitzen von Daumen, Zeige- und Mittelfingern zusammenlegen. Den Ringfinger und kleinen Finger krümmen, ohne dass sie etwas berühren.*

2 *Die Daumenspitzen liegen in Höhe des Nabels und zeigen nach oben, die Spitzen von Zeige- und Mittelfinger nach unten. Man spürt einen leichten Druck zwischen den Händen.*

3 *Die Hände 18–20 cm vom Bauch entfernt, genau über den Eintrittspunkten des Dan Tian, den Punkten Konzeptionsgefäß 4 (Rs 4) und Konzeptionsgefäß 6 (Rs 6) halten (genaue Lage der Punkte siehe Seite 59).*

4 *Den Bauch entspannen, sodass er sich ausdehnen kann. Das Qi hineinziehen, ohne Druck auszuüben.*

Energie im unteren Dan Tian speichern

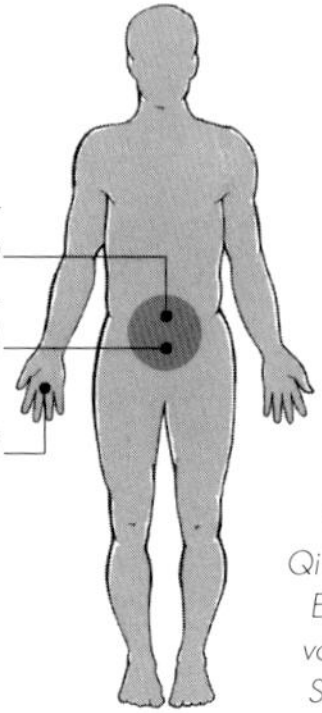

Anker
Qi speichern: Ein Bauch voll Qi gibt Sicherheit.

Diese Übung folgt der vorangegangenen und garantiert, dass das Qi erfolgreich gespeichert wird. Man setzt keine spezielle Atmung ein; der Bauch bleibt entspannt und voll. Der Vorgang ist für Männer, die mehr Yang haben, anders als für Frauen, die mehr Yin besitzen.

Übung

Männer legen den Akupunkturpunkt Perikard 8 (Pc 8) der linken Handfläche auf den Punkt Konzeptionsgefäß 4 (Rs 4, 7,5 cm unterhalb des Nabels) oder auf Konzeptionsgefäß 6 (Rs 6, 4 cm unterhalb des Nabels). Anschließend legen sie die rechte Hand über die linke.

Frauen vertauschen die Hände: Bei ihnen liegt die linke Hand unten, die rechte darüber.

Nun konzentrieren sich Männer wie Frauen auf das Zentrum des unteren Dan Tian, auf einen besonderen Punkt auf dem stoßenden Meridian. Dieser Meridian verläuft als senkrechte Säule innen in der Körpermitte vom Damm zum Scheitelpunkt des Kopfes. Um den richtigen Konzentrationspunkt zu finden, sollten Sie sich eine waagrechte Linie vorstellen, die vom Punkt Lenkergefäß 4 (Rg 4, unter dem zweiten Lendenwirbel), nach vorn zum Punkt Konzeptionsgefäß 4 (Rs 4) führt.

Die Stelle, an der diese Linie auf den stoßenden Meridian trifft, ist der Punkt, auf den Sie sich konzentrieren müssen. Stellen Sie sich vor, dass die Energie wie ein Wirbel aus Sternenlicht um diesen Punkt kreist. Dabei bleiben Sie entspannt, denn der Schlüssel des Qi Gong ist die Vermeidung jeglicher unnötiger Spannung.

Wenn Qi im unteren Dan Tian gespeichert wird, dehnt sich der Bauch leicht aus und fühlt sich kompakter an. Das gibt ein ruhiges Glücksgefühl und Wärme im Dan Tian. Man kann sich positiven Gedanken hingeben („Tief in meinem Innern fühle ich mich stark und ruhig, friedlich und ausgeglichen") oder man denkt an gar nichts.

Die Speicherung von Qi im unteren Dan Tian nährt die inneren Organe und stärkt das Immunsystem.

Weitere Informationen

Weitere Informationen zur **Lokalisierung der Punkte** finden Sie auf Seite 115.

ENERGIE SPEICHERN

Haben Sie eine Qi-Gong-Übung beendet und das Qi wieder in das untere Dan Tian gebracht, führen Sie diese Übung durch, um sicherzugehen, dass das Qi erfolgreich gespeichert ist. Die Übung ist für Männer und Frauen geringfügig verschieden, denn Männer sind etwas mehr Yang, Frauen etwas mehr Yin. Das zu beachten ist ganz entscheidend. Auch sollten Sie immer bedenken, dass die Vermeidung von unnötigen Spannungen ein wichtiger Aspekt des Qi Gong ist. Bei der Durchführung der Übungen müssen Sie stets ruhig und entspannt bleiben.

Handstellungen

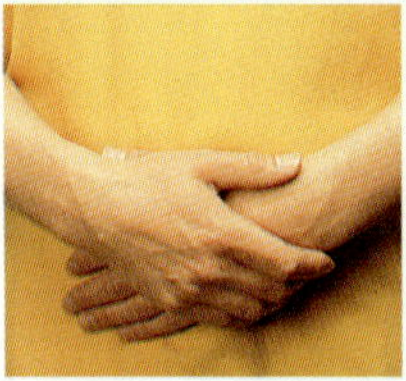

Da Männer Yang sind, legen sie die rechte Hand über die linke Hand.

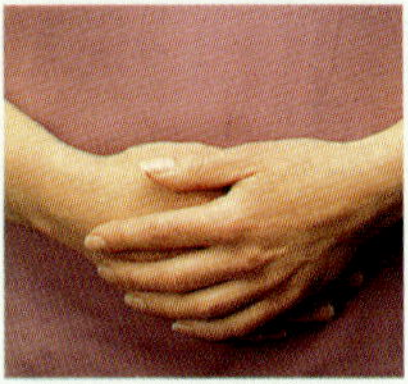

Da Frauen Yin sind, legen sie die linke Hand über die rechte Hand.

Für Männer

Sie legen den Akupunkturpunkt Perikard 8 (Pc 8) der linken Handfläche auf Konzeptionsgefäß 4 oder 6 (Rs 4 oder 6), dann die rechte Hand auf den Handrücken der linken.

Für Frauen

Sie legen den Akupunkturpunkt Perikard 8 (Pc 8) der rechten Handfläche auf Konzeptionsgefäß 4 oder 6 (Rs 4 oder 6), dann die linke Hand auf die rechte.

1 *Die Hände je nach Geschlecht aufeinander legen.*

2 *Männer wie Frauen konzentrieren sich auf das Zentrum des unteren Dan Tian und stellen sich vor, wie die Energie spiralig um diesen Punkt kreist.*

3 *Körper, Gesicht und Geist entspannen.*

Die Wu-Chi-Position

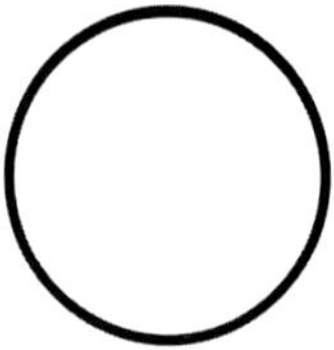

Ganzheit
Wu Chi (Einheit) wird durch einen leeren Kreis symbolisiert.

Diese Position wird mit keiner Übung oder Bewegungsfolge verknüpft und man praktiziert dabei keine Qi-Gong-Atmung. Man konzentriert sich auf nichts und man tut auch nichts. Es ist die Position der Nichteinmischung in die Dinge, die es erlaubt, das zu enthüllen, was offensichtlich werden soll. Das klingt sehr vage, begründet sich aber dadurch, dass die Position für jeden Menschen eine andere Erfahrung darstellt. Der Zustand des Wu Chi ist eine spirituelle Dimension, in der Ihnen bewusst werden soll, dass die Welt in dem Maße in Ihnen ist, wie Sie selbst Teil von ihr sind.

Wu Chi wird durch den leeren Kreis symbolisiert. In dieser Position werden Sie zum leeren Gefäß, das sich füllen kann. Vielleicht sollten Sie sich mit Energie oder guten Gedanken füllen. Jedenfalls sind Sie in einem aufnahmebereiten Zustand, in dem Sie für neue Ideen empfänglich werden.

Übung

Die Wu Chi Position entspricht genau der Mutterposition, nur zeigen die Handflächen zum Körper und die Fingerspitzen nach unten. Die Arme werden seitlich vor den Körper gehalten, etwas tiefer als bei den anderen Positionen.

Die Hände haben eine leichte Yin-Form. Unter den Armen ist Raum. Bewegungslosigkeit und Ruhe sind die wichtigsten Faktoren.

Sein, nicht tun

Es ist unmöglich, aktiv in den Zustand des Wu Chi einzutreten, denn es ist ein Sein – nichts, was man tun oder durch ein Tun erreichen kann.

TAO-SPRUCH

Es hat keinen Namen,
von ihm zu sprechen,
heißt, es verlieren.

Ehe Himmel und Erde geboren waren,
war es schon da.

Alle Existenz kehrt zu ihm zurück.

Geheimnisvoll und tief,
hat es keine Grenzen
und ist die Pforte zu allen Wundern.

LAO TZU

WU-CHI-POSITION

Rührt man schlammiges Wasser auf, wird es trüb. Lässt man das Wasser ruhen, setzt sich der Schlamm am Boden ab und das Wasser wird wieder klar. Wenn Gedanken und Gefühle aktiv sind, kann das aufgerührtem Wasser gleichen. Wollen wir wieder klare Sicht in unser Leben bringen, sollten wir gelegentlich in der Wu-Chi-Position stehen, damit sich alles beruhigen kann. Man hält die Position so lange, bis das erwünschte Ziel erreicht ist – zum Beispiel mehr Qi oder eine Information oder Motivation. Das kann fünf Minuten oder auch 20 Minuten dauern. Man speichert das Qi und tut dann, wozu man sich geleitet fühlt. Hat man eine Information oder Botschaft erhalten, schreibt man sie rasch auf.

WU CHI

Handstellung

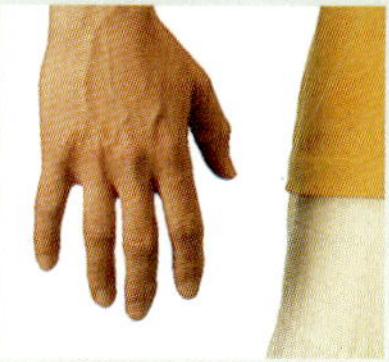

Die Handflächen zeigen zum Körper, die Finger nach unten. Laden sich die Hände mit Qi auf, fühlt es sich an, als hielte man einen leuchtenden Ball aus heilender Energie.

1 *Die Wu-Chi-Position entspricht genau der Mutterposition (siehe Seite 72–75), nur die Handflächen zeigen zum Körper, die Finger nach unten.*

2 *Die Arme seitlich vor den Körper halten, etwas tiefer als bei den anderen Positionen. Die Hände haben leichte Yin-Form. Unter den Armen ist Raum. Bewegungslosigkeit und Ruhe sind die wichtigsten Faktoren.*

Der Unsterbliche zeigt den Weg zum Himmel

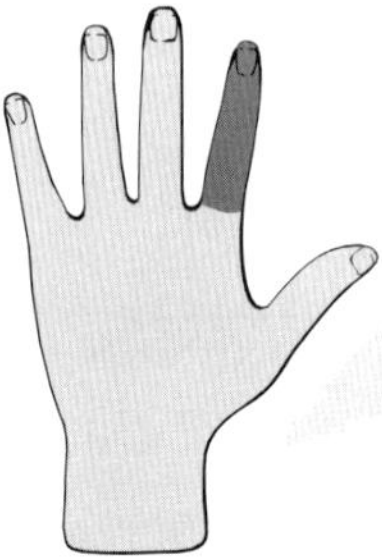

Fingerkraft
Ein Zeigefinger voller Qi.

Diese Position konzentriert Qi in den Zeigefingern und bereitet sie für den Einsatz bei der Akupressur vor. Man kann diese Technik ohne aufgeladene Finger ausführen, doch ist sie dann weniger effektiv.

Übung

Man beginnt in der Sohnposition und führt die Übung *Hände mit Heilenergie laden* durch. Dann hebt man die Hände und geht in die Mutterposition. Nun dreht man die Hände von sich weg und macht das Handzeichen *Der Unsterbliche zeigt den Weg zum Himmel*. Dabei zeigen die Zeigefinger gestreckt nach oben, während Daumen und Finger gekrümmt sind, ohne sich gegenseitig zu berühren. Jetzt die Arme sehr langsam zur Seite führen und strecken, dabei nimmt das Energiegefühl in den Zeigefingern deutlich zu.

Haben die Hände die äußerste Position erreicht, hält man sie dort und beginnt mit der Qi-Gong-Atmung. Sie haben die freie Wahl, am besten ist jedoch die Schildkrötenatmung.

Bringen Sie die Arme langsam in die Mutterposition zurück und beginnen Sie mit der Akupressur.

Weitere Informationen

Weitere Informationen zur **Aufladung der Hände mit Heilenergie** finden Sie auf den Seiten 84–85.

UNSTERBLICH

Unsterblich wandere ich in diesen
jadegrünen Hügeln.

Niemand kennt die Stille
in meinem Herzen.

Mein Körper ist träge
wie eine schwebende Wolke.

Bald werde ich frei sein
von diesem sterblichen Raum.

DER UNSTERBLICHE TAOIST

ZUM HIMMEL ZEIGEN

Mithilfe dieser Position können Sie Qi im Zeigefinger konzentrieren, mit dem Sie dann eine besonders wirkungsvolle Akupressur ausführen können. Die Übung erzeugt ein fast unerträglich starkes Gefühl in den Zeigefingern.

1 *In der Sohnposition beginnen und die Übung* Hände mit Heilenergie laden *durchführen. Die Hände heben und in die Mutterposition gehen. Nicht aufrichten – Knie leicht gebeugt lassen.*

Handstellung

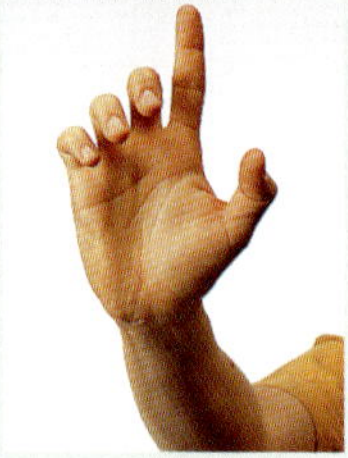

Die Zeigefinger gestreckt nach oben halten, während Daumen und Finger gekrümmt sind, ohne sich gegenseitig oder die Hand zu berühren.

UNSTERBLICH

2 *Die Hände nach vorn drehen und* Handzeichen Der Unsterbliche zeigt zum Himmel *machen: Die Zeigefinger gestreckt nach oben halten, Daumen und Finger sind gekrümmt, ohne sich gegenseitig zu berühren.*

3 *Die Arme leicht strecken und langsam zur Seite führen. Wenn die Hände die äußerste Position erreicht haben, dort halten und mit der Qi-Gong-Atmung beginnen. Die Arme langsam wieder in die Mutterposition bringen.*

Heilende Akupressur

Alte Anleitung
Das Pa Kua umfasst acht Trigramme, die übliche Akupressurpunkte bezeichnen können.

Es gibt mehr als 400 Akupunkturpunkte, die einzeln oder in Kombination verwendet werden und die auch die Akupressur nutzt. Als Beispiel soll eine Gruppe dienen, die *Die acht Kräfte der Wandlung* genannt wird. Diese acht Trigramme entstammen dem *I Ging* (siehe Seite 14) und bilden ein altes Symbol – das Pa Kua.

Acht paarige Punkte

Das erste Paar bilden Lunge 7 (P 7) und Niere 6 (R 6). Mit ihm behandelt man die Lunge bei einer Erkältung. Um die Erreger zu bekämpfen, wird P 7 armaufwärts entgegen der Fließrichtung des Qi im Lungenmeridian massiert. R 6 massiert man beinaufwärts in Fließrichtung des Qi im Nierenmeridian, um die Nierenkraft und damit die Lungen zu stärken.

Dreifach-Erwärmer 5 (T 5) und Gallenblase 41 (F 41) verwendet man zur Senkung von hohem Fieber. T 5 wird Unterarm abwärts entgegen der Fließrichtung des Qi im Dreifach-Erwärmer-Meridian massiert, F 41 fußaufwärts entgegen der Fließrichtung des Qi im Gallenblasenmeridian. Dieses Paar kann auch in Kombination mit dem ersten gegen Fieber eingesetzt werden.

Perikard 6 (Pc 6) und Milz 4 (L 4) werden zur Behandlung von Sodbrennen und Entzündungen im Verdauungstrakt eingesetzt. Pc 6 wird an der Innenseite des Handgelenks entgegen der Fließrichtung des Qi im Perikardmeridian massiert, um Hitze im Herzbeutel und Entzündungen in der Bauchhöhle, durch die der Meridian verläuft, zu behandeln. L 4 wird abwärts an der

Fußinnenseite entgegen der Fließrichtung des Qi im Milzmeridian massiert, um Entzündungen im Magen und Herz, durch die der Meridian verläuft, zu behandeln.

Das vierte Paar bilden Dünndarm 3 (IT 3) und Blase 62 (V 62). Mit ihnen lindert man Schmerzen und Entzündungen im oberen Rücken-, Nacken und Schulterbereich.

IT 3 wird handabwärts entgegen der Fließrichtung des Qi im Dünndarmmeridian massiert, V 62 wird am Fußgelenk aufwärts in der Fließrichtung des Qi im Blasenmeridians massiert.

Die Behandlung ist wirksam, weil sich die Wege der Meridiane im oberen Rücken, Nacken und Schultern überschneiden.

Weitere Informationen

Weitere Informationen zum **Meridianverlauf** finden Sie auf den Seiten 36–55

AKUPRESSUR

Die acht Trigramm-Akupunkturpunkte, die vier Paare bilden, regulieren den Qi-Fluss im Körper. Die Massagetechnik der Akupressur kann folglich die Gesundheit verbessern helfen.

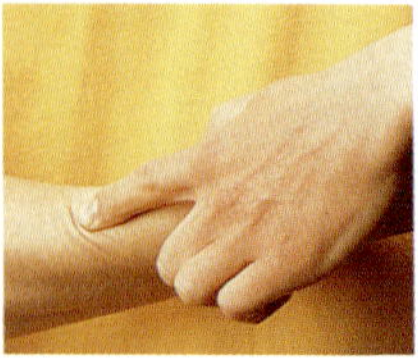

Mit P 7 bekämpft man schädliche Einflüsse von Krankheitserregern in der Lunge bei Erkältung und Grippe. Partner ist R 6.

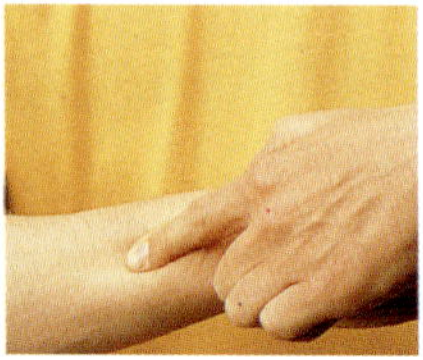

Mit T 5 bekämpft man überschüssige Hitze in Fällen von hohem Fieber. Partner ist F 41.

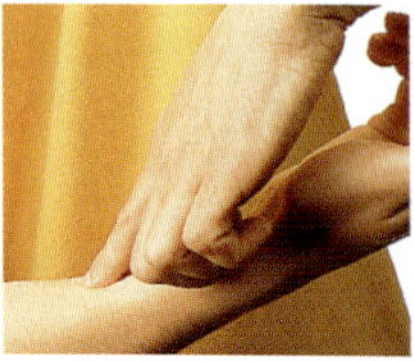

Mit Pc 6 bekämpft man Verdauungsbeschwerden, Übelkeit, Verstopfung und Sodbrennen. Partner ist L 4.

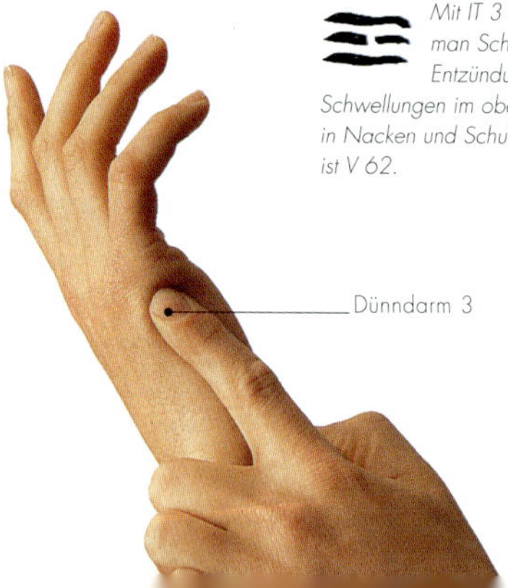

Mit IT 3 bekämpft man Schmerzen, Entzündungen und Schwellungen im oberen Rücken, in Nacken und Schultern. Partner ist V 62.

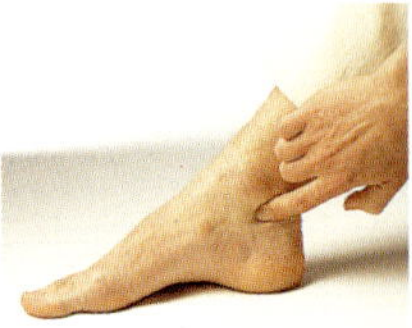

R 6 kräftigt das Qi der Niere zur Unterstützung der Lunge bei Bekämpfung von Krankheitserregern. Partner ist P 7.

Mit V 62 lindert man Schmerzen im oberen Rücken, im Nacken und in den Schultern. Partner ist IT 3.

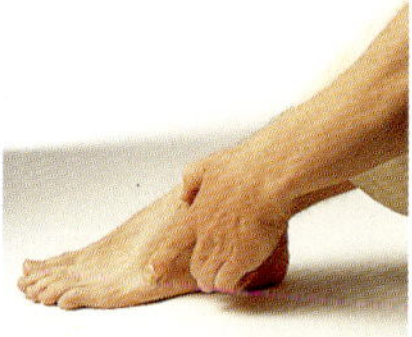

Mit dem Punkt F 41 bekämpft man überschüssige Hitze im Körper. Sein Partnerpunkt ist T 5.

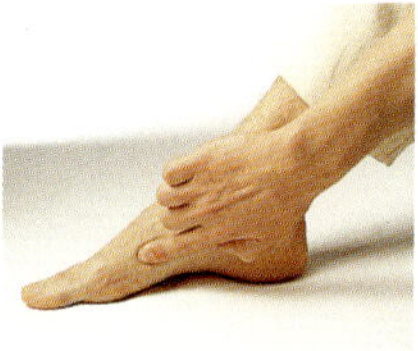

Mit L 4 kann man Entzündungen im Magen und im Herz bekämpfen. Partner ist Pc 6.

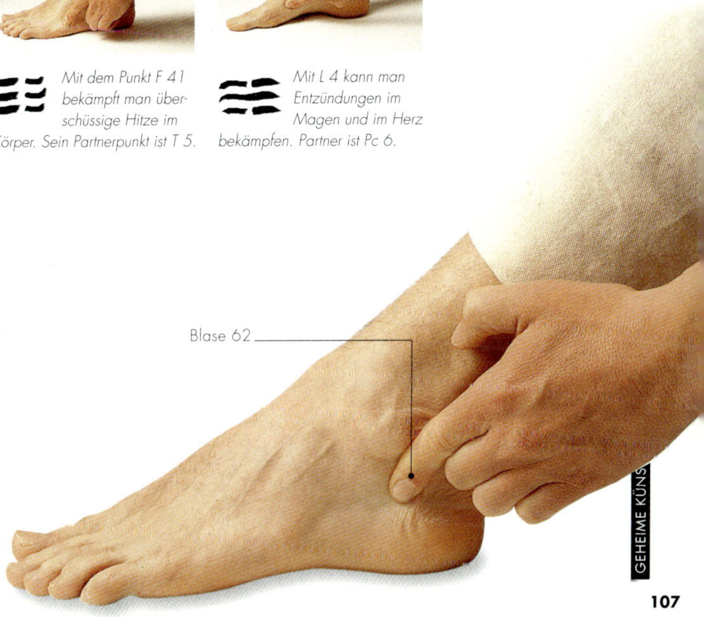

Das Qi durch die Hauptmeridiane leiten

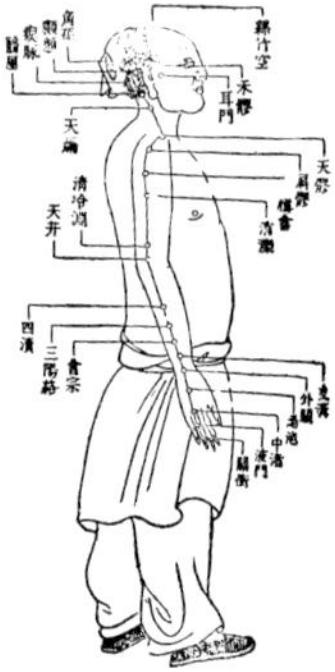

Meridianfluss

Mit dem Kopf das Qi lenken.

Vor Beginn der Übung muss man sich mit dem genauen Verlauf der Meridiane gut vertraut machen (siehe Seite 36–55). Während der Übung darf man nicht vergessen, dass die Leitbahnen auf beiden Seiten durch den Körper laufen!

Übung

Stehen Sie mit geschlossenen Augen und nach innen gekehrtem Blick in der Mutterposition und leiten Sie das Qi allein durch mentale Kraft. Konzentrieren Sie sich auf das untere Dan Tian, wo der Lungenmeridian beginnt, und führen Sie das Qi durch beide Lungenflügel zum Hals, über Schultern und Arme zu den Fingern.

Leiten Sie es von den Fingerspitzen, dem Anfangspunkt des Dickdarmmeridians, über Arme und Hals zu den Nasenflügeln, wo es auf den Magenmeridian trifft. Führen Sie es von dort über den Oberkörper durch die Brustwarzen zum Unterleib und über die Oberschenkel und Schienbeine zu den zweiten Zehen an den Füßen.

Lenken Sie es von den großen Zehen, wo das Qi auf den Milzmeridian trifft, über die Innenknöchel und Innenseiten der Beine über Unterleib und Brust zu den Schultern, wo es auf den Herzmeridian stößt. Leiten Sie es auf der Unterseite der Arme abwärts zu den kleinen Fingern.

Das Qi geht in den Dünndarmmeridian, steigt über die Hände und Arme, zum Rücken und Nacken und von dort zu den Augen, wo es auf den Blasenmeridian stößt, reist dann zur Stirn und über den Kopf entlang der Wirbelsäule durch die Gesäß- und Oberschenkelmuskeln zu den Fersen und den kleinen Zehen. Hier trifft es den Nierenmeridian, dem es unter den Fußsohlen und an der Innenseite der Beine aufwärts über die Lenden zur Brust folgt, bis es auf den Perikardmeridian trifft. Auf ihm führt man es an der Innenseite der Arme bis zu den Mittelfingern

Über den Meridian des Dreifach-Erwärmers fließt das Qi durch die Ringfinger über die Handrücken, Arme, Schulter, Hals und Ohren zu den Augen (Fortsetzung Seite 110).

Weitere Informationen

Weitere Informationen über die **Meridianbahnen** finden Sie auf den Seiten 36–55.

Bewusstsein

Mit dem inneren Auge sehen Sie, wie das Qi durch die Meridiane fließt.

DAS QI LEITEN

Zur Fortsetzung der Übung auf den Seiten 108–109 konzentrieren Sie sich auf den Gallenblasenmeridian. Das Qi gleitet von den Augen im Zickzack über die Kopfseiten seitlich über den Hals zur Schulter, dann über die Seiten des Rumpfes und die Außenseiten der Beine und Füße zu den vierten Zehen. Durch den Lebermeridian steigt das Qi von den großen Zehen über die Füße und die Innenseiten der Beine seitlich am Leib aufwärts zur Leber und von dort wieder in das Dan Tian, den Ausgangspunkt. Dort sammeln und speichern Sie das Qi.

Energiefeld

Praktiziern Sie die Übung neben Bäumen, dort ist die Energie besonders stark.

Entspannte Konzentration

Konzentrieren Sie sich ohne unnötige mentale oder physische Anspannung auf das wandernde Qi.

Visualisierung

Stellen Sie sich bildlich vor, wie das Qi als Lichtball oder Faden an einem Pfeil durch die Meridiane wandert. Manche denken es sich auch als elektrisch geladenes fließendes Wasser.

Der kleine Qi-Kreislauf

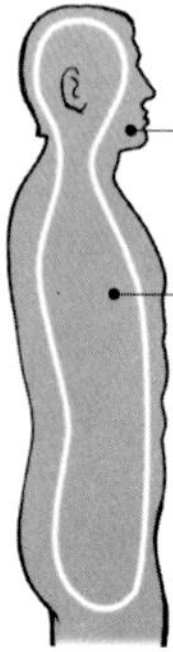

Balance
Zirkulierendes Qi schafft Gleichgewicht.

Führen Sie den kleinen Qi-Kreislauf in der Mutterposition durch. Leiten Sie das Qi vom unteren Dan Tian aus nach vorn zur Bauchdecke. Führen Sie es von hier über die Mitte des Unterleibs zum Lenkergefäß am Rücken und von dort durch diese Leitbahn aufwärts bis zum Scheitelpunkt auf dem Kopf. Dort geht das Qi in das Konzeptionsgefäß über und durch diese Leitbahn zum Dan Tian zurück.

Diese Übung verteilt die Energie gleichmäßig im Rumpf zwischen Bauch und Rücken sowie im Kopf. Sowohl das Lenker- als auch das Konzeptionsgefäß können große Mengen Qi aufnehmen.

Indem man das Qi in ihnen zirkulieren lässt, hält man die Gefäße voller Qi; so können sie als Staubecken dienen, aus dem sich die anderen Meridiane bedienen. Das Lenkergefäß versorgt die Yang-, das Konzeptionsgefäß die Yin-Meridiane.

Übung

Mit positiver Einstellung und einem Lächeln aktiviert man das Qi im unteren Dan Tian und führt es durch drei, sechs oder neun Kreisläufe.

Bringen Sie das Qi zum Punkt Konzeptionsgefäß 6 oder 4 (Rs 6 oder 4), führen Sie es durch die Sexualorgane und Rs 1 auf dem Damm über den Schließmuskel zum Punkt Lenkergefäß 1 (Rg 1) auf der Steißbeinspitze.

Nun leitet man es durch das Lenkergefäß am Rückgrat entlang aufwärts zum Punkt Rg 20 auf der Mitte des Schädeldachs, von dort über die Mitte des Gesichts, Gaumen und Zungenspitze zum Punkt Rs 22 knapp oberhalb der Schlüsselbeine. Über das Konzeptionsgefäß und die hier gelegenen Punkte Rs 17 auf dem Brustbein, Rs 12 auf dem Solarplexus und Rs 8 auf dem Nabel kommt man zu Rs 6 oder 4 zurück. Wenn Sie drei, sechs oder neun Kreisläufe vollendet haben, bringen Sie das Qi in das untere Dan Tian zurück und speichern Sie es dort.

Auch mithilfe der Atmung können Sie das Qi bewegen, beim Einatmen leiten Sie es über den Rücken, beim Ausatmen über die Brust, doch es ist besser, das Qi durch mentale Kraft zu leiten.

Weitere Informationen

Weitere Informationen über die **Meridianbahnen** finden Sie auf den Seiten 36–55.

Im Qi baden
Das zirkulierende Qi erzeugt ein Wärmegefühl wie ein Sonnenbad.

KLEINER QI-KREISLAUF Je mehr Sie üben, desto deutlicher spüren Sie den Qi-Fluss. Schließlich bewirkt jeder Atemzug einen kleinen Kreislauf des Qi – und das 24 Stunden lang. Anhaltende Übung führt zu höchst positiven Ergebnissen; so verbessert sich die Gesundheit und ein Gefühl des Wohlbefindens und der Ausgeglichenheit stellt sich ein.

Zungenposition
Die Zunge befindet sich in einer Position am Gaumen, wo man den Buchstaben „L" spricht.

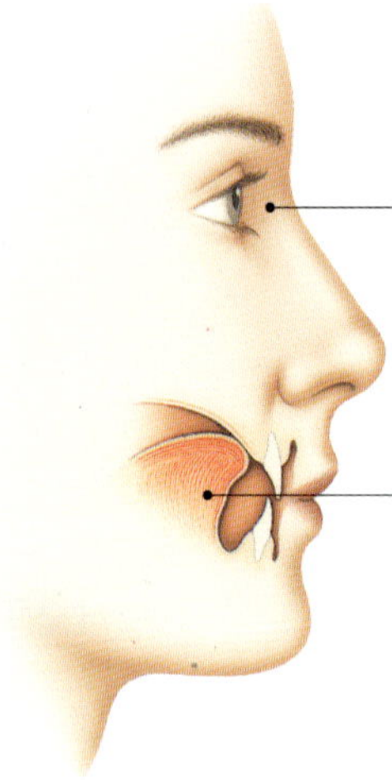

Das Gefäß füllen

Während dieser Übung werden Lenker- und Konzeptionsgefäß bis zum Überlaufen gefüllt. Der Überschuss fließt in die anderen Meridiane.

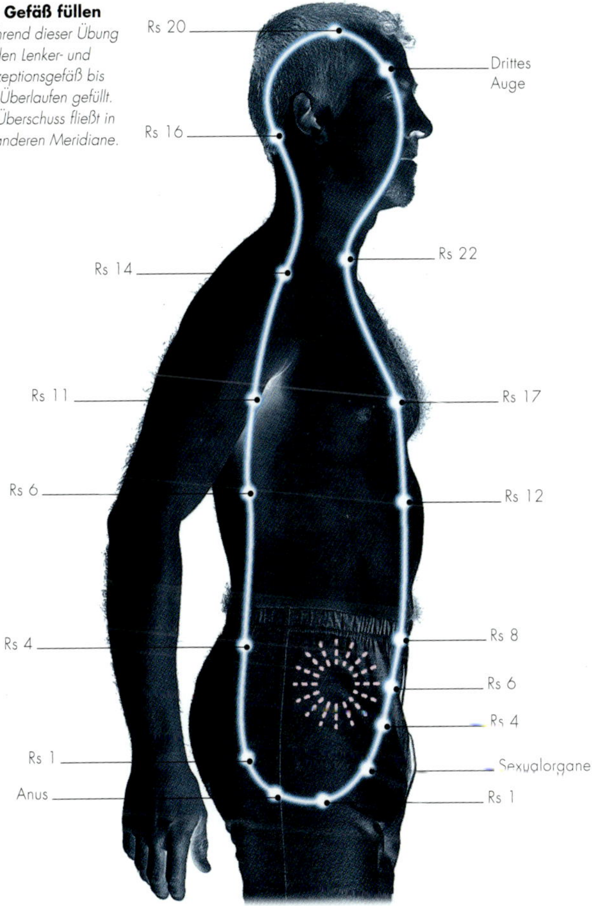

Der Erde-zum-Himmel-Fluss des Qi

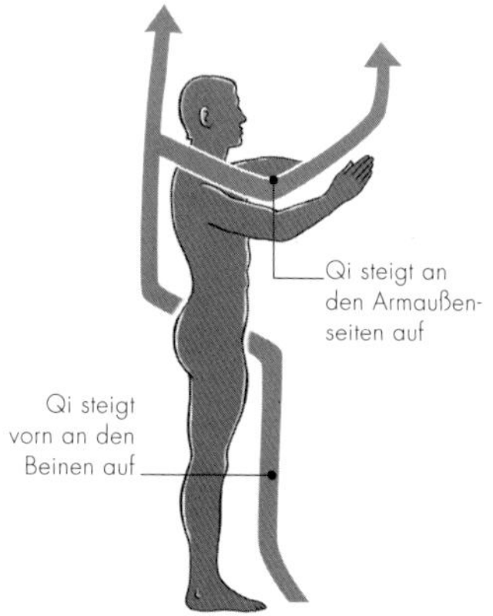

Erd-Qi steigt auf
Yin-Qi von der Erde steigt zum Himmel.

In ihrem Zentrum ist die Erde voller Yang-Feuer, doch die Erdoberfläche ist vorwiegend Yin, denn sie besteht zu 70 Prozent aus Wasser. Diese kalte, blaue Yin-Energie der Erde fließt durch uns hindurch zum Himmel (mit Himmel sind Sonne, Mond, Sterne und die kosmischen Kräfte des Alls gemeint).

Die Übung regt das Qi zu diesem aufwärts gerichteten Fluss an. Ohne Qi-Gong-Atmung einzusetzen, werden Sie sich des natürlichen Qi-Flusses durch den Körper bewusst.

Übung

In der Mutterposition stehend, sollten Sie sich vorstellen, dass Wurzeln aus Energie wie Baumwurzeln aus dem Punkt Niere 1 (R 1) unter den Fußsohlen wachsen und sich tief in der Erde ausbreiten, um Yin-Erdenergie aufzunehmen.

Diese Energie steigt durch alle harten Yang-Teile des Körpers von den großen Zehen an den Beinen aufwärts, wobei Sie leicht rückwärts schwanken.

Das in den Beinen aufsteigende Qi vereinigt sich in dem auf dem Damm liegenden Punkt Konzeptionsgefäß 1 (Rs 1) und fließt von dort am Rückgrat entlang aufwärts bis zu den Schulterblättern. Dort spaltet sich ein Teil davon ab, läuft über die Arme zu den Fingerspitzen und tritt dort aus, was sich anfühlt, als wären Sie elektrisiert.

Der Rest steigt gerade über den Hinterkopf weiter nach oben und verlässt den Körper am Punkt Lenkergefäß 20 (Rg 20), was sich anfühlt, als würden Funken aus dem Kopf sprühen.

Beruhigende Wirkung

Das kühle, blaue, heilende Qi der Erde, das ständig durch unseren Körper aufsteigt, hat heilenden Einfluss auf die inneren Organe. Es wirkt zugleich beruhigend auf die Gefühle und beugt Überhitzung sowie düsteren Gedanken vor.

Weitere Informationen

Weitere Informationen über den **Erde-zum-Himmel-Fluss des Qi** finden Sie auf den Seiten 118–119.

Erdmedizin
Die Erde ist eine einzige Quelle heilender Energie.

ERDE-ZUM-HIMMEL-FLUSS DES QI

Wer eine starke Verbindung zur Erde hat, spürt nicht nur, wie das kühle, heilende Qi in Körper und Seele hineinfließt, sondern merkt auch, wie überschüssige Hitze in den Boden zurückfließt. Innere Unruhe und Gereiztheit werden abgebaut und man gelangt leichter in den Zustand des Wu Chi.

TAO TE CHING

Der Mensch folgt der Erde,
die Erde folgt dem Himmel,
der Himmel folgt dem Tao,
das Tao folgt sich selbst.

LAO TZU

Den Fluss fühlen

Im Zustand völliger mentaler und körperlicher Entspannung ist es leichter, den Fluss des Qi wahrzunehmen.

Der Himmel-zur-Erde-Fluss des Qi

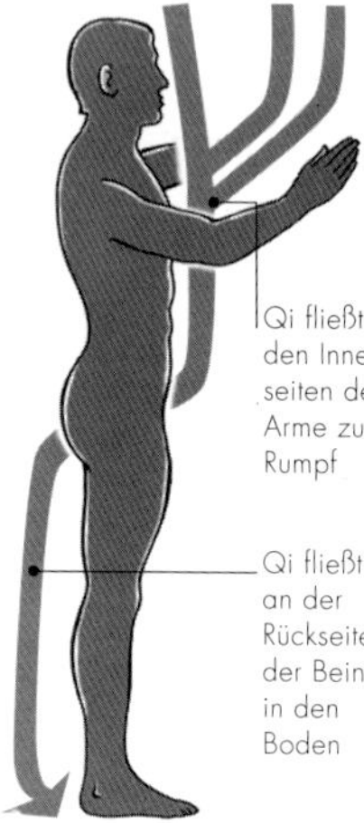

Himmels-Qi
Qi fließt durch uns vom Himmel zum Boden

Durch diese Übung, die keine Qi-Gong-Atmung einsetzt, wird Himmelsenergie durch den Körper zur Erde geleitet. Man wird sich des natürlichen Qi-Flusses bewusst.

Übung

In der Mutterposition stehend, sollten Sie sich vorstellen, dass Wurzeln aus Energie wie Baumwurzeln aus dem Punkt Niere 1 (R 1) unter den Fußsohlen wachsen.

Machen Sie sich bewusst, wie die Sonne warm auf Gesicht und Handflächen scheint. Diese golden leuchtende Energie ist wie funkelndes Sternenlicht. Durch den Akupunkturpunkt Lenkergefäß 20 (Rg 20) und die Fingerspitzen dringt sie in uns ein. Es fühlt sich an, als würde elektrisches Licht auf dem Kopf tanzen; die Fingerspitzen kribbeln dabei.

Das Qi fließt durch alle weichen Yin-Teile des Körpers, zunächst vom Punkt (Rg 20) über das Gesicht sowie über die Innenseiten der Arme zur Brust und von dort über das Konzeptionsgefäß nach unten zum Damm und dem Punkt Rs 1.

Dort teilt sich der Energiestrom und fließt entlang der Rückseiten der Beine durch den Punkt R 1 in den Boden. Dabei schwankt man unter Umständen leicht nach vorn.

Die vom Himmel kommende Qi-Energie besteht aus komprimierten physischen Energien wie kosmischer Strahlung, Sonnenstrahlen, Sternenlicht, dem vom Mond reflektierten Sonnenlicht sowie der Energie, die aus der Geistwelt stammt.

Diese gebündelten Energien üben eine starke Wirkung nicht nur auf den Körper, sondern auch auf das Denken und Fühlen aus.

Weitere Informationen

Weitere Informationen über den **Himmel-zur-Erde-Fluss des Qi** finden Sie auf den Seiten 122–123.

Himmlische Heilkraft
Die Kraft des Himmels-Qi kann uns heilen.

HIMMEL-ZUR-ERDE-FLUSS DES QI

Die vorangegangene Übung *Erde-zum-Himmel-Fluss des Qi* (siehe Seite 116) und diese entgegengesetzte Übung sind sehr wichtig für das Gleichgewicht des Körpers. Bei der Heilung eines Menschen werden beide uns durchfließenden Qi-Ströme genutzt.

OFFENER HIMMEL

Himmel und Erde ohne Alter,
erneuert vom Atem des Tao.
Wenn wir diese
Lebensquelle pflegen
und in unserem Körper
kreisen lassen, sind wir eins
mit Erde und Himmel,
die unsterblich sind.

DER UNSTERBLICHE TAOIST

Himmels-Qi

Ununterbrochen regnet Qi vom Himmel auf uns herab – wir müssen es uns nur bewusst machen. Bei allen Qi-Gong-Übungen gewinnen wir eine Menge Sensibilität.

Der große Qi-Kreislauf

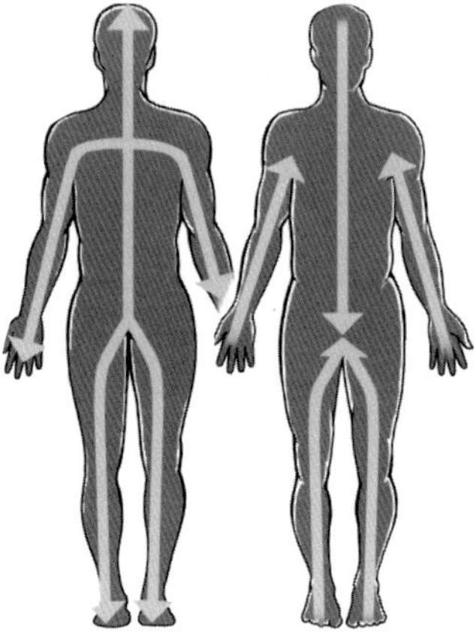

Großes Qi
Himmels- und Erd-Qi zirkulieren stets zusammen in uns.

Der große Qi-Kreislauf vereinigt die Energien des Erde-zum-Himmel-Flusses mit denen des Himmel-zur-Erde-Flusses des Qi. Durch diese Qi-Gong-Übung werden Yin und Yang im Körper ausgeglichen und zugleich Himmels- und Erd-Qi in den Körper aufgenommen.

Der große Qi-Kreislauf ist derselbe wie der kleine, er bezieht lediglich auch Arme und Beine ein. Zur Ausführung kann man die Qi-Gong-Atmung oder mentale Kräfte – oder auch beides zusammen – einsetzen.

Übung

In der Mutterposition stehend, sollten Sie sich vorstellen, dass Wurzeln aus Energie wie Baumwurzeln aus dem Punkt Niere 1 (R 1) unter den Fußsohlen wachsen und sich tief in der Erde ausbreiten. Atmen Sie in Richtung unteres Dan Tian lächelnd ein.

Führen Sie beim Ausatmen das Qi zum Punkt Rs 4 oder 6, dann durch die Sexualorgane zum Punkt Rs 1 auf dem Damm. Hier teilt sich das Qi, fließt hinten an den Beinen hinunter. Dabei schwankt man etwas nach vorn und tritt durch den Punkt R1 in die imaginierten Baumwurzeln ein.

Beim Einatmen zieht man Erd-Qi durch den Punkt R1 in den Körper, führt es vorn an den Beinen hoch, dabei schwankt man etwas nach hinten, wieder zum Punkt Rs 1, sodann durch das Lenkergefäß über den Rücken zum Punkt Rg 11 zwischen den Schulterblättern.

Atmen Sie aus und führen Sie das Qi an den Außenseiten der Arme zu den Fingerspitzen. Bringen Sie es beim Einatmen über die Innenseiten der Arme zum Rücken an den Punkt Rg 11 zurück und leiten Sie es von dort über den Scheitelpunkt Rg 20 zum dritten Auge zwischen den Augenbrauen.

Atmen Sie aus und leiten Sie das Qi über Gaumen, Zungenspitze, die Punkte Rs 22, 17, 12 und 8 auf dem Konzeptionsgefäß zu den Punkten Rs 6 und 4 zurück. Nach drei, sechs oder neun Kreisläufen sollten Sie das Qi in das untere Dan Tian zurückführen und es dort speichern.

Weitere Informationen

Weitere Informationen über den **kleinen Kreislauf des Qi** finden Sie auf den Seiten 112–115.

In der Erde verwurzelt
Wenn uns der eigene natürliche Qi-Fluss bewusst wird, sind wir im Einklang mit der Natur.

GROSSER QI-KREISLAUF

In der Natur heizt die Sonne das Meer auf. Das Wasser verdunstet und bildet Wolken, aus denen Regen zur Erde fällt. Das Regenwasser sammelt sich, gelangt ins Meer zurück – und der Kreislauf beginnt von vorn. Dieser natürliche Zyklus spiegelt den Energiefluss des großen Qi-Kreislaufs.

Den großen Qi-Kreislauf üben

Die Abbildungen zeigen nur die Richtungen des Qi-Flusses bei der Übung. Wenn man sie durchführt, steht man in der Mutterposition. Man leitet das Qi durch mentale Kraft, kann aber zusätzlich die Qi-Gong-Atmung einsetzen.

GROSSER QI-KREISLAUF

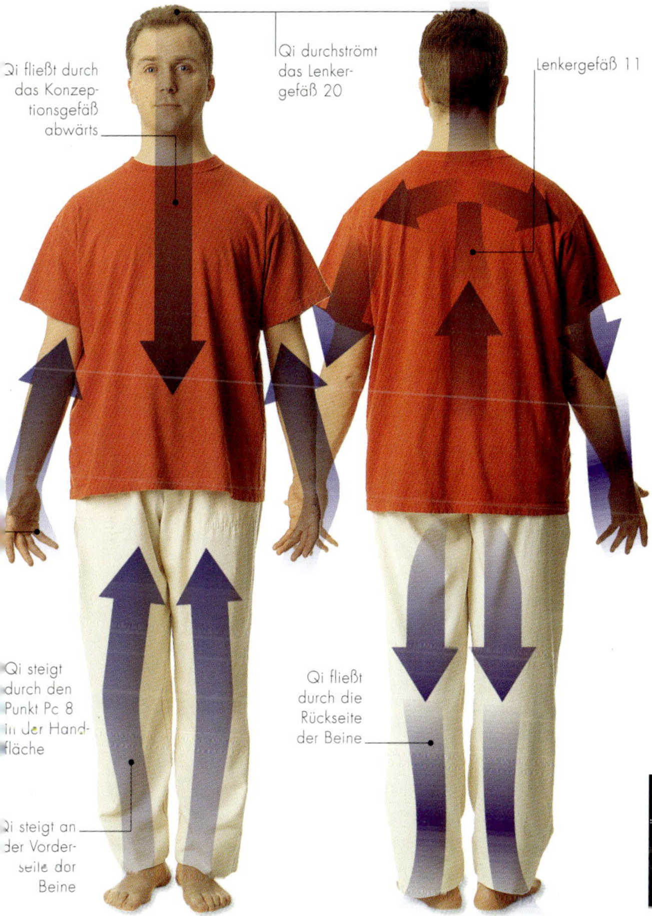
Qi fließt durch das Konzeptionsgefäß abwärts
Qi durchströmt das Lenkergefäß 20
Lenkergefäß 11
Qi steigt durch den Punkt Pc 8 in der Handfläche
Qi fließt durch die Rückseite der Beine
Qi steigt an der Vorderseite der Beine

Der stoßende Meridian und die drei Dan Tian

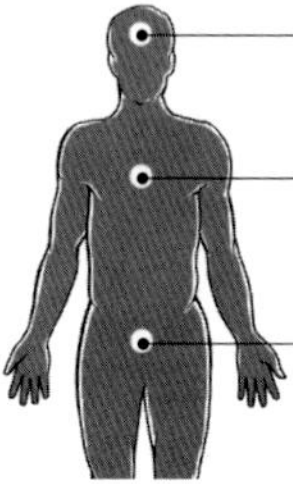

Energiefelder
Die drei Dan Tian liegen auf dem stoßenden Meridian.

Der stoßende Meridian, auf dem die drei Dan Tian liegen, ist die Verbindung zwischen Konzeptionsgefäß 1 (Rs 1) und Lenkergefäß 20 (Rg 20).

Das untere Dan Tian wird mit Tätigkeit, das mittlere mit Fühlen, das obere mit Denken in Verbindung gebracht. Sind alle Dan Tian im Gleichgewicht, sind auch Gedanken, Gefühle und Handlungen des Menschen im Einklang miteinander.

Übung

In der Mutterposition stehend, sollten Sie sich auf das untere Dan Tian konzentrieren, das auf dem stoßenden Meridian hinter dem Punkt Konzeptionsgefäß 6 (Rs 6) liegt. Es ist das Schwerkraftzentrum des Körpers und wichtig für das körperliche, mentale und emotionale Gleichgewicht.

Als das mit unserem Willen assoziierte Zentrum unseres Handelns spielt es vor allem beim Tai Chi eine wichtige Rolle.

Von hier lässt man das Qi auf dem stoßenden Meridian zum mittleren Dan Tian aufsteigen. Wenn Gefühle „Schmetterlinge im Bauch" oder Seelenqualen verursachen, so kann man sie durch die Stärkung des unteren Dan Tian unter Kontrolle bringen, denn das wird mit Wasser assoziiert. Dies kühlt und beruhigt das aufgewühlte mittlere Dan Tian.

Bildlich stellt man sich die Dan Tian als leuchtende goldene Lichtbälle vor.

Das obere Dan Tian liegt als Zentrum des Kopfes hinter dem dritten Auge zwischen den Augenbrauen. Ist dieses Dan Tian aktiviert, fühlt man einen Druck in der Hinterhauptshöhle. Dort dringt spirituelles Wissen ein und reist sofort zum Unterbewusstsein. Die Chinesen nennen das dritte Auge „Pforte des Geistes", in der Akupunktur dient es zur Behandlung von Unruhe. An dieser Pforte kann nicht nur Energie eindringen, hier verlässt sie auch den Körper, weshalb sie der Ausgangspunkt für Spiritualreisen ist.

Die Aktivierung des oberen Dan Tian erhöht die Kreativität und das Potenzial der spirituellen Entwicklung. Nach der Übung sollten Sie das Qi in das untere Dan Tian zurückführen und dort speichern.

Weitere Informationen

Weitere Informationen zu **Spiritualreisen** finden Sie auf den Seiten 210–215

Weltlich weise
Qi Gong hilft, in der Welt des Stresses Ruhe zu bewahren.

DER STOSSENDE MERIDIAN

Genau in der Körpermitte gelegen bildet der stoßende Meridian die Linie, auf der die drei Dan Tian liegen. Sind alle drei aktiviert und wird die Wirbelsäule ganz gerade gehalten, erlebt man einen Zustand völliger innerer Stille.

TSAN-TUNG-CHI

Nähre dich innerlich
in Frieden, Ruhe und Leere.

Erleuchte den ganzen Körper.

Suchst du es, so kannst du
es nicht sehen,
und doch ist es ganz in der Nähe
und leicht zu erreichen.

WEI PO-YANG

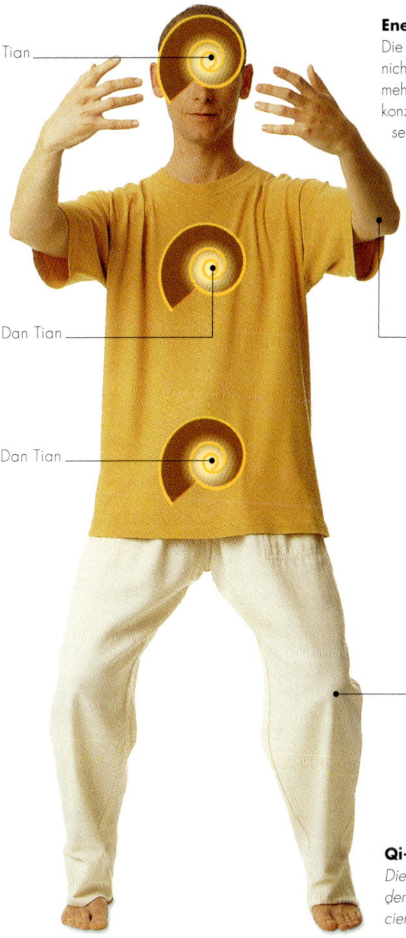

Energien aktivieren

Die Aktivierung der Dan Tian ist nichts, was wir *tun* können, vielmehr werden wir uns durch konzentrierte Ruhe ihrer Anwesenheit bewusst. Wi Chi, der Zustand leerer Empfänglichkeit, ist wichtig, um mit Qi Gong Fortschritte zu machen.

Qi-Zentren

Die Dan Tian leuchten, der Körper ist ausbalanciert und geheilt.

Das Chakra-System

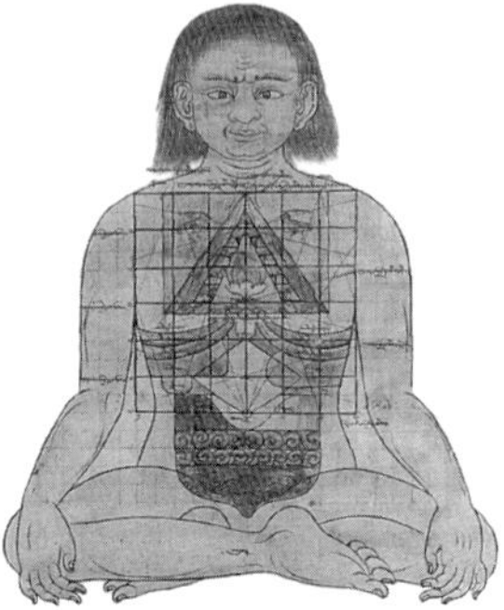

Chakras
Yoga-Übungen setzen Wissen um die Chakras voraus.

Auch die als Chakras bekannten sieben Energiezentren liegen auf dem stoßenden Meridian. Um sie nacheinander zu aktivieren, leitet man Qi durch den Meridian. Die Bewegung durch die Chakras gleicht einer Reise durch einen Regenbogen – vom Infrarot zum Ultraviolett bis Weiß. Mit dem inneren Auge kann man sehen, wie die Farben durch die Aktivierung der Chakras in Bewegung kommen und explodieren.

Das indische Chakra-System wird mit den hinduistischen Yogis in Verbindung gebracht, doch spielt es auch in den buddhistischen Lehren Indiens, Chinas und Südostasiens eine Rolle. Die Taoisten Chinas legen die Betonung eher auf die drei Dan Tian.

Übung

In der Mutterposition stehend, sollten Sie sich auf den Punkt Konzeptionsgefäß 1 (Rs 1) konzentrieren und sich eine senkrecht im Körper aufsteigende Säule vorstellen, die bis zum Scheitelpunkt Rg 20 reicht. Auf dieser Säule liegen die sieben Chakras, auf ihr leiten Sie das Qi und sehen dabei die zugehörigen Farben.

Nach Beendigung der Übung sollten Sie das Qi in das untere Dan Tian leiten und es dort speichern.

Weitere Informationen

Weitere Informationen über **Punkte auf Lenker- und Konzeptionsgefäß** finden Sie auf Seite 115.

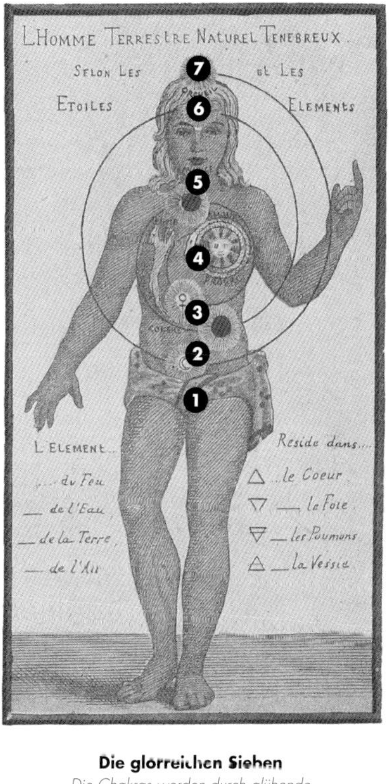

Die glorreichen Sieben
Die Chakras werden durch glühende Lichtbälle repräsentiert.

7 *Das siebte Chakra liegt auf dem Punkt Rg 20; man sieht es als weißen Lichtball, weil alle Farben vereint Weiß ergeben.*

6 *Das sechste Chakra liegt zwischen Rg 16 und dem dritten Auge; man sieht es als lilafarbenen Lichtball.*

5 *Das fünfte Chakra liegt zwischen Rg 14 und Rs 22; man sieht es als blauen Lichtball in der Kehle leuchten.*

4 *Das vierte Chakra liegt zwischen Rg 11 und Rs 17; man sieht es als grünen Lichtball.*

3 *Das dritte Chakra liegt zwischen Rg 6 und Rs 12; man sieht es als gelben Lichtball.*

2 *Das zweite Chakra liegt zwischen Rg 4 und Rs 8; man sieht es als orangenfarbenen Lichtball.*

1 *Das erste Chakra liegt genau auf dem Punkt Rs 1; man sieht es als roten Lichtball.*

ERWORBENE UND SEXUALENERGIE

Viele Qi-Gong-Techniken bedienen sich der Sexualenergie, um Gesundheit und Kreativität zu fördern. Unter dem Begriff Sexualenergie versteht man die jedem Individuum innewohnende kreative Kraft, die natürlicherweise je nach Alter variiert. Sie beeinflusst jedoch nicht nur die Fortpflanzungsfähigkeit, sondern auch die allgemeine Gesundheit und Schaffenskraft. Indem man die Sexualenergie zum Bestandteil der Qi-Gong-Übungen macht, ändert man sein Leben, verlängert es möglicherweise und beeinflusst so seine Gesundheit. Die letzten Seiten dieses Kapitels befassen sich mit der aus der Nahrung gezogenen „erworbenen Energie".

手太陽小腸經絡起少澤穴終於聽宮穴手少陽三焦經絡起關衝穴終於耳門穴
手陽明大腸經絡起商陽穴終於迎香穴足陽明胃經絡起於

Qi Gong und Sex

Sexualenergie ist das, was Menschen über die Gene von ihren Eltern geerbt haben und was als starke Kraft in ihren Nieren sitzt. Durch die Energie, die aus der Nahrung und der geatmeten Luft aufgenommen wird, der so genannten erworbenen Energie, wird die Sexualenergie ständig aufgefüllt; sie setzt sich also aus ererbtem und erworbenem Qi zusammen.

Macht der Liebe
Liebe schafft heilende Energie.

Die Sexualenergie dient nicht nur der Fortpflanzung. Zwar kommt sie von den Sexualorganen, wird aber zur Erhaltung der Gesundheit im ganzen Körper verteilt und beeinflusst so die allgemeine Kreativität.

Qi Gong lehrt, dass man mit der Sexualenergie sparsam umgehen und sie lediglich zur Fortpflanzung einsetzen soll, um ererbtes und erworbenes Qi nicht zu schnell zu verbrauchen und dadurch zu rasch zu altern. Um Sexualenergie in das allgemeine Energiesystem einzuspeichern, werden zwei Übungen vorgestellt: Techniken der kühlen Sexualenergie und Techniken der heißen Sexualenergie (siehe Seite 140–145).

Da durch sie ein Mehr an Energie erzeugt wird, helfen sie nicht nur, Gesundheit und Potenz bis ins hohe Alter zu bewahren, sondern auch andere Lebensziele erfolgreich anzusteuern.

Sieben Yin, acht Yang

Im Qi Gong gilt die Zahl 7 als „spirituelles Yin". Mit ihr assoziierten die alten Chinesen die jeweils sieben Jahre dauernden Phasen der weiblichen Gesundheit und sexuellen Entwicklung (wobei es durch Umwelteinflüsse und Vererbung Abweichungen geben konnte): Mit 7 Jahren wachsen ihre Haare und Zähne, mit 14 beginnen Menstruation und Gebärfähigkeit, mit 21 ist die Frau ausgewachsen und ihre körperliche Kondition befindet sich auf dem Höhepunkt. Mit 28 sind ihre

Muskeln fest, ihr Körper ist in Blüte, mit 35 zeigt ihr Gesicht Falten, die Haare werden dünn, mit 42 verhärten die Arterien, ihr Haar wird weiß, mit 49 kommt die Menopause und sie kann keine Kinder mehr bekommen.

Die Zahl 8 gilt als das „spirituelle Yang". Sie wird entsprechend in gleicher Weise mit der männlichen Entwicklung assoziiert:

Mit 8 Jahren wachsen seine Haare kräftiger und er bekommt die zweiten Zähne, mit 16 produziert er ersten Samen, mit 24 ist er ausgewachsen und die Hoden sind voll entwickelt, mit 32 sind seine Muskeln fest, mit 40 werden die Hoden schwach, die Haare gehen ihm aus, die Zähne beginnen zu wackeln, mit 48 ist die Potenz erschöpft, das Gesicht wird faltig, das Haar grau, mit 56 schrumpfen die Hoden, die Sekretion verringert sich.

Weitere Informationen

Weitere Informationen über **Qi Gong und Sex** finden Sie auf den Seiten 130–145.

Kauf mich
In der Werbung wird Sex als Verkaufsanreiz für alle Produkte benutzt – vom Auto über Kleidung bis zu Kaffee und Schokolade.

QI GONG UND SEX

In der Philosophie des Qi Gong ist Sex nichts Äußerliches, zu dem man sich hingezogen fühlt, sondern eine innere Energiequelle, die man kultivieren kann. Wird die Sexualenergie angeregt, werden die Sexualorgane stärker durchblutet, Qi verteilt sich von dort und wirkt auf den ganzen Körper. Der Blutdruck steigt, die Haut rötet sich, selbst der Sehnerv ist betroffen und die Pupillen weiten sich. Hormone werden ausgeschüttet. Die Sexualenergie galvanisiert offenbar den ganzen Körper und aktiviert ihn.

Verlangen
Wer Kontrolle über das sexuelle Qi gewinnt, wird nicht länger von Begierden beherrscht.

Urteilsvermögen

Sex ist nicht gut oder schlecht, richtig oder falsch, sondern eine natürliche Kraft in uns allen.

Schöner Körper

Das aus dem Inneren leuchtende Qi zeigt sich in einem strahlend schönen Körper.

Kontrolle

Die Sexualenergie ist eine mächtige Kraft, die zu Taten von romantischem Heldenmut ebenso befähigt wie zu künstlerischen Leistungen. Wird sie unterdrückt oder geleugnet, kann es zu Brutalität und Gewalttätigkeit kommen. Es ist lebenswichtig, Kontrolle über diese Energie zu gewinnen.

Techniken kühler Sexualenergie

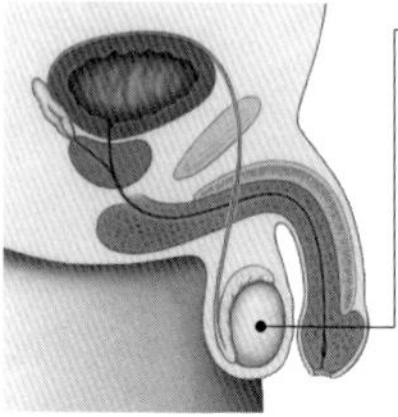

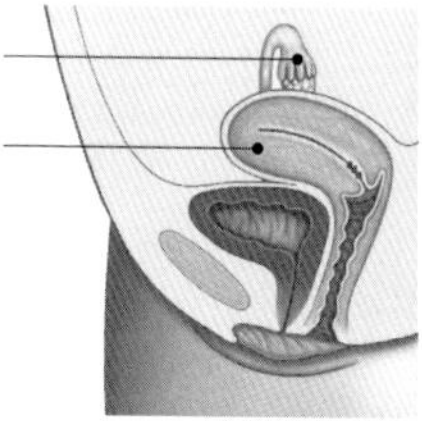

Ballungsräume der Energie
Kontrollierte Sexualenergie bringt den Körper in Schwung.

Ist ein Mensch erregt, beginnt sich die Sexualenergie auszubreiten. Lässt man der Sache ihren Lauf, verlässt die Energie den Körper. Durch Qi-Gong-Training kann man die Sexualenergie jedoch im Körper speichern, indem man sie in das Meridiansystem zurückleitet.

Damit man die Sexualenergie im Erregungszustand unter Kontrolle halten kann, muss man zunächst üben, sie im kühlen und ruhigen Zustand zu beherrschen. Die heiße Sexualenergie hat sehr viel größere Kraft und mehr Bewegungsdrang als die kühle, weshalb sie schwerer zu bändigen ist. Je näher ein Mensch dem Höhepunkt kommt, desto weniger ist er fähig, die Sexualenergie zu kontrollieren. Deshalb sollen zuerst die Techniken zur Beherrschung der kühlen Sexualenergie geübt werden, wenn Gedanken an Sex keine Rolle spielen. Später setzt man sie ein, wenn eine gewisse Erregung da ist: Durch dieses stufenweise Vorgehen bekommt man auch die heiße Sexualenergie in den Griff.

Spirituelle 7 und 8

Man kann die Gesundheit mit anderen Qi-Gong-Übungen stärken, die nicht notwendig das sexuelle Qi betreffen, doch lehren die Konzepte von den Sieben spirituellen Yin und den acht spirituellen Yang (siehe Seite 136), dass zwischen allgemeiner Gesundheit und sexuellem Qi eine Verbindung besteht.

In einem gewissen Alter erreicht der Mensch seinen Gipfel, danach beginnt ein langsames Zurückschreiten. Den sieben spirituellen Yin zufolge ist für die Frau diese Spitze mit 28 Jahren erreicht, mit 35 beginnt der Abbau. Frauen sollten also idealerweise die entsprechenden Qi-Gong-Übungen praktizieren, bevor sie 28 sind und sie bis zum 35. Lebensjahr regelmäßig durchführen.

Für Männer gilt Entsprechendes für den Zeitraum zwischen ihrem 32. und ihrem 40. Lebensjahr, denn der etwas anderen Entwicklung zufolge erreichen sie mit 32 ihren Gipfel, während mit 40 der Abbau beginnt.

Weitere Informationen

Weitere Informationen zu den **sieben Yin und acht Yang** finden Sie auf den Seiten 136–137.

KÜHLE SEXUALENERGIE

Für diese Technik sollten Sie sich auf den Bereich konzentrieren, den man Beckenboden nennt. Wird der Beckenboden durch Übungen gestärkt, kommt es seltener zu Problemen mit dem Urogenitalsystem. Die bei der Übung durchgeführten Muskelkontraktionen, die mit der Atmung synchron sind, regen die Blutzirkulation und den Qi-Fluss an, was der allgemeinen Gesundheit des Körpers zugute kommt.

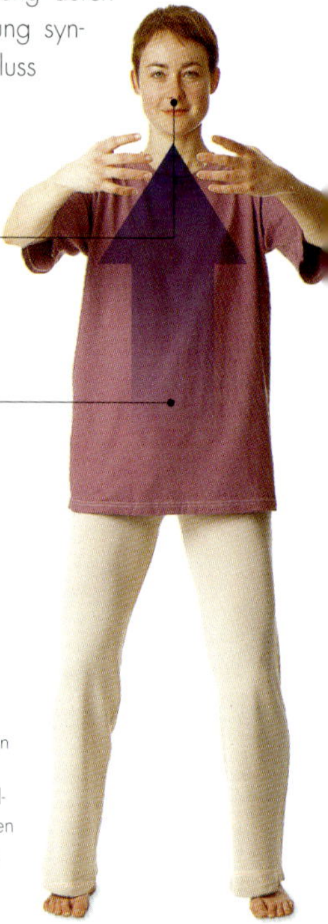

Atmung und Kontraktionen der Beckenmuskeln sind synchron

Die Kombination aus Atmung und Muskeltraining fördert den Qi-Fluss im Körper

Beschränkung

Während ihrer Monatsregel sollten Frauen die Übungen nicht durchführen. Sowohl Männer als auch Frauen sollten zurückhaltend üben; eine Überlastung schwächt den Beckenboden statt ihn zu stärken. Kurzes, aber regelmäßiges tägliches Training ist empfehlenswert.

Erste Übung

In der Mutterposition stehend zieht man beim Einatmen die Bauchdecke und die inneren Sexualorgane ein, während man das Qi über das Lenkergefäß zum Scheitelpunkt des Kopfes führt. Die Muskeln, die hierbei die Organe anheben, sind dieselben, die den Urinfluss beim Wasserlassen unterbrechen können. Beim Ausatmen entspannt sich die Bauchdecke: Die Organe senken sich, das Qi fließt über das Konzeptionsgefäß in das untere Dan Tian zurück.

Zweite Übung

Wird ausgeführt wie die erste, nur zieht man beim Einatmen den Schließmuskel des Afters zusammen und nach oben.

Dritte Übung

Wird ausgeführt wie die erste, nur zieht man beim Einatmen den Damm zusammen und nach oben. (Als vierte Übung kann man alle drei Bereiche – Bauchdecke und innere Sexualorgane, Schließmuskel und Damm – zusammen und gleichzeitig nach innen und oben ziehen.) Leiten Sie nach Beendigung der Übung das Qi über das Konzeptionsgefäß in das untere Dan Tian und speichern Sie es dort.

Techniken heißer Sexualenergie

Leidenschaft
Heiße Sexualenergie für Verliebte.

Diese Techniken werden während des Beischlafs angewendet. Wenn beide Partner sie beherrschen, ist der Effekt größer, doch ein Partner kann sie auch allein ausüben.

Kontrollierte Energie

Erregte Energie ist schwerer unter Kontrolle zu halten. Am besten zieht man die Energie in höhere Körperregionen, wenn man auf halbem Weg zum Orgasmus ist; hat man diesen Punkt überschritten, wird es sehr schwer, die Energie zurückzuhalten und zu steuern.

Zunächst muss man lernen, die Kontraktionen der Sexualorgane, des Damms und des Schließmuskels zu beherrschen, was eher dem Öffnen und Schließen einer Pforte ähnlich ist als dem Gefühl des Aufwärtsziehens. Man stellt dadurch sicher, dass das Qi nicht nach unten wandert und aus dem Körper entweicht. Erst wenn die „untere Pforte" geschlossen ist, kann man synchron mit der Atmung die Muskeln nach innen ziehen und das Qi am Rückgrat entlang in den Kopf pumpen. Der Bereich der Sexualorgane fühlt sich dann leer und der Kopf voll an.

Man presst die Zunge an den Gaumen, entspannt den Bauch und leert den Kopf, indem man das Qi in das untere Dan Tian leitet. Jetzt kann man die Anspannung an der „unteren Pforte" lösen. Danach erregt man die Sexualenergie erneut und wiederholt die Übung nochmals. Nach der Übung leitet man das Qi über das Konzeptionsgefäß in das untere Dan Tian und speichert es dort. Versäumt man das, kann das heiße Qi Herz und Gehirn überhitzen, was zu Unruhe, Schlaflosigkeit und Kopfschmerzen führen kann.

Ob es der Mann zum Samenerguss kommen lassen soll, hängt – aus der Qi-Gong-Perspektive – von seinem Alter und seiner Gesundheit ab. Einem jungen Mann schadet es nichts, doch für einen alten Mann mit schlechter Gesundheit ist der Verlust von Elixier und Qi nicht zuträglich. Dio Qi-Gong-Lohro geht davon aus, dass übermäßiger Verlust von Samenelixier gesundheitliche Schäden hervorruft und die Alterserscheinungen verstärkt.

Weitere Informationen

Weitere Informationen zur **Gesundheit der Männer** finden Sie auf Seite 137.

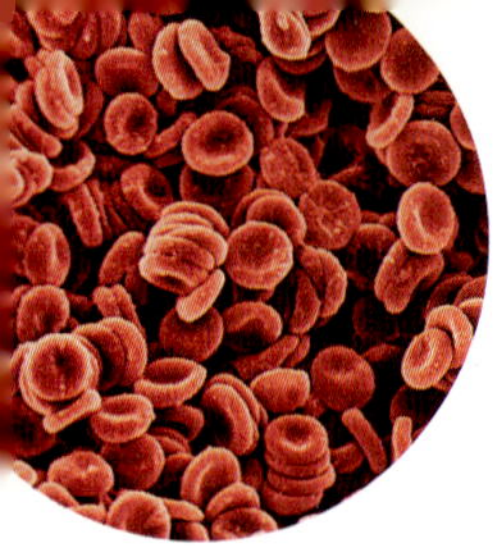

Gesundes Blut
Unsere Nahrung erzeugt Blut, das den Körper nährt.

ENERGIE AUS DER NAHRUNG

In den vorangegangenen Kapiteln war davon die Rede, wie Energie aus der Atemluft, von der Erde, vom Himmel, aus den Dan Tian und den Meridianen gewonnen wird. Von der letzten Energiequelle aber – der Nahrung – sind alle Menschen abhängig, ob sie nun Qi Gong praktizieren oder nicht. Die Nahrungsenergie gilt als erworbenes Qi; sie liefert die Stoffe, die wir zur Blutbildung ebenso brauchen wie zur Aufrechterhaltung und zum Schutz aller Körperfunktionen. Nur wenn sie ernährt werden, bleiben Muskeln, Knochen und Organe gesund und funktionstüchtig.

Sommer
Im Sommer versorgen wir den Körper durch Obst und Gemüse mit Feuchtigkeit.

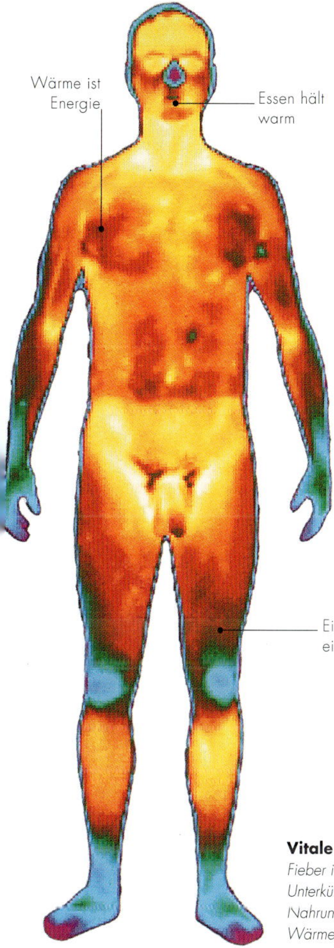

Winter

Im Winter brauchen wir heiße gekochte Nahrung, um die Kälte zu bekämpfen und die Kerntemperatur aufrechtzuerhalten.

Vitale Wärme

Fieber ist übermäßige Wärme, Unterkühlung Mangel an Wärme. Nahrung halt den Körper im Wärmegleichgewicht.

Die Energie aus der Nahrung

Snack-Attacke
Ein Problem der westlichen Ernährung ist die Vorliebe für Fertigprodukte.

Die in unseren Breiten beliebte Fertignahrung enthält viele unerwünschte Zusätze. Frisch zubereitete Nahrung ist deshalb den aus Dosen und Tiefkühltruhen kommenden Fertigprodukten vorzuziehen, denn diese enthalten künstliche Geschmacks-, Farb- und Konservierungsstoffe. Frische Lebensmittel liefern mehr Qi.

Fleisch sollte von Tieren stammen, die auf Biohöfen artgerecht gehalten werden. Meiner Ansicht nach ist die beste Proteinquelle ohnehin weißfleischiger Fisch wie Kabeljau, Heilbutt, Scholle oder Barsch. Deren Fleisch ist nahrhaft und leicht verdaulich, es nährt die Organe, Muskeln, Sehnen und Knochen.

Klima und Nahrung

Bei großer Kälte braucht der Körper zusätzliche Energie, um seine Temperatur zu halten. Doch ist es nicht nur nötig, mehr zu essen, die Nahrung selbst muss auch warm sein. Während der heißen Sommermonate muss man Obst und Gemüse essen und viel trinken, um eine Austrocknung zu verhindern.

Unabhängig von der Jahreszeit gilt eine zu hohe oder zu niedrige Körpertemperatur als Krankheitszeichen. Um gesund zu bleiben muss man also zusehen, dass die Körpertemperatur konstant bleibt. Im Winter erreicht man das durch warme Kleidung, im Sommer durch Aufenthalt im Schatten. Ähnliche Prinzipien gelten auch für die Nahrung.

Kalte Nahrungsmittel und Getränke senken die Körpertemperatur, denn die Verdauung gleicht einer Verbrennung, d. h. der Körper muss die Nahrung erwärmen, um sie verarbeiten zu können. Eiscreme und stark gekühlte Getränke schwächen das Verdauungssystem und seine Fähigkeit, die Nährstoffe aus der Nahrung zu extrahieren.

Die leidige Debatte, ob es gut oder schlecht, richtig oder falsch ist, sich rein vegetarisch zu ernähren, hängt auch mit dem Klima und der Umwelt zusammen. Wären die Inuit Vegetarier, würden sie an Unterkühlung sterben. Nur ihre an tierischem Eiweiß reiche Nahrung hilft ihnen, die extreme Kälte auszuhalten.

Ernährte sich ein Mädchen, das an Anämie leidet, streng vegan, würde es unweigerlich rasch krank werden. Dagegen ist eine rein vegetarische Ernährung für einen gesunden jungen Menschen in tropischem Klima durchaus angemessen.

DIE KNOCHEN

Obwohl Knochen zu 30 Prozent aus Wasser bestehen, sind sie unglaublich stark und können großem Druck und Zug standhalten. Knochen wachsen und verändern sich dabei. Der Mensch wird mit 350 Knochen geboren. Wenn die körperliche Entwicklung mit etwa 25 Jahren abgeschlossen ist, wachsen einige dieser Knochen zusammen, sodass der Erwachsene 206 Knochen hat. Damit Knochen ihre Dichte behalten, brauchen sie Bewegung und Belastung. An Astronauten durchgeführte Studien haben gezeigt, dass Menschen durch den Aufenthalt in der Schwerelosigkeit an Knochendichte verlieren. Qi-Gong- und Tai-Chi-Übungen entspannen die Muskeln, stärken die Knochen und regen die Bildung von Knochenmark an, was wiederum der Blutbildung dient. Das Fleisch wird zum Gewicht, das wir mit den Knochen tragen, statt es mit den Muskeln zu halten. Auf den Knochen ausgeübter Zug und Druck erhält ihm seine Dichte.

Gesunde Knochen

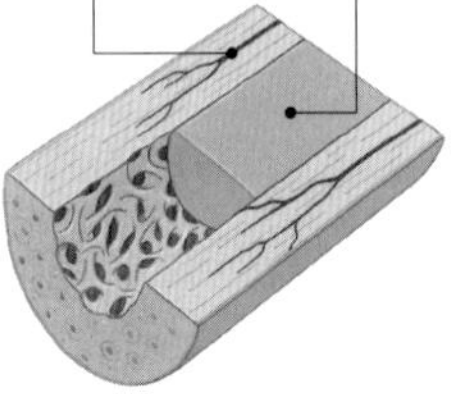

„Tigerknochen"
Qi Gong stärkt Knochendichte und Knochenstruktur.

Die folgenden Techniken dienen der Knochengesundheit. Da der Körper aber ein komplexes Gebilde ist, haben sie auch viele andere Vorteile.

Das Immunsystem ist mit dem Blut verknüpft, die Blutbildung wiederum mit dem Knochenmark. Das Immunsystem erkennt und zerstört eindringende Erreger wie Bakterien und Giftstoffe. Diese Aufgabe erledigen Zellen, die im Lymphsystem und im Knochenmark gebildet werden.

Die Übungen für die Wirbelsäule wirken sich positiv auf das Nervensystem aus, denn dort haben die Nerven ihren Ausgangspunkt.

Durch Qi Gong wird man sich seiner Knochen bewusst, fühlt ihre Dichte und Kraft. Insbesondere die Kampfkünstler, die von sich sagen, sie hätten „Tigerknochen", suchen dieses Bewusstsein.

Die folgenden Techniken verbessern die Knochenstruktur und helfen dabei, Knochenkrankheiten wie beispielsweise brüchige Knochen oder Osteoporose zu vermeiden. Alte Menschen, die es versäumt haben, ihre Knochen zu stärken, ziehen sich bei Stürzen leicht Brüche zu.

Operationen mit all ihren möglichen Komplikationen sowie bleibende Schäden sind dann oft die Folge. Die Kräftigung der Knochen dient der Gesunderhaltung des Menschen bis ins hohe Alter.

Weitere Informationen

Weitere Informationen zur **menschlichen Gesundheit** finden Sie auf den Seiten 136–137.

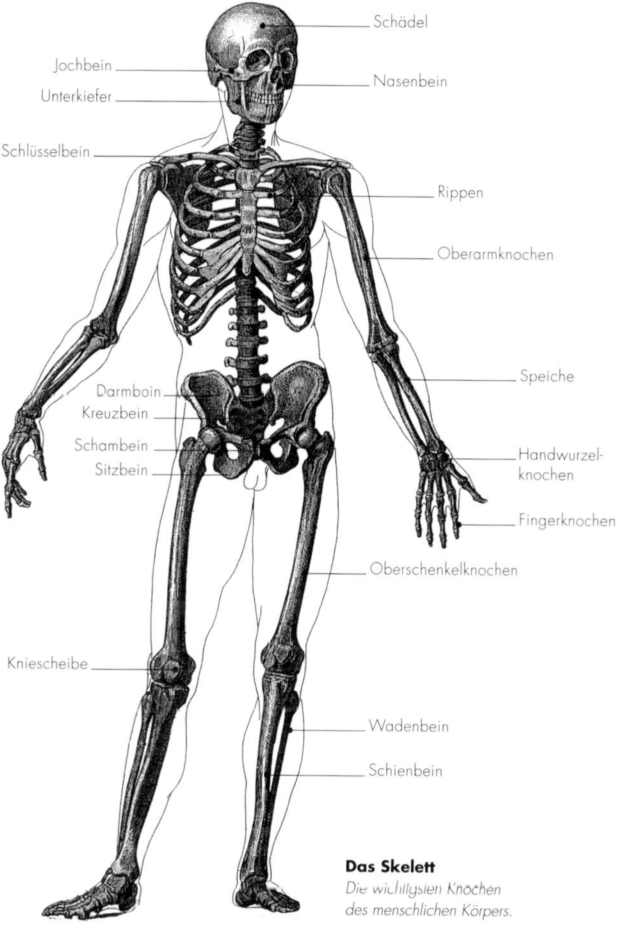

Das Skelett
Die wichtigsten Knochen des menschlichen Körpers.

NIERENATMUNG

Nach den Prinzipien des Qi Gong wird die Knochengesundheit von den Nieren gesteuert. Um direkt auf die Knochen einwirken zu können, müssen Sie die Nieren durch die Technik der Nierenatmung kräftigen. Sie fühlt sich wie die Lungenatmung an, nur ist es das Qi – nicht die Luft –, die die Atembewegungen der Niere bewirken.

1 Hände aufladen

In der Sohnposition stehend, können Sie die Hände mit Heilenergie aufladen (siehe Seite 84–87). Leicht vorgebeugt sollten Sie die Akupunkturpunkte Perikard 8 (Pc 8) der Handflächen auf die Punkte Blase 23 (V 23) legen, die genau über den Nieren liegen.

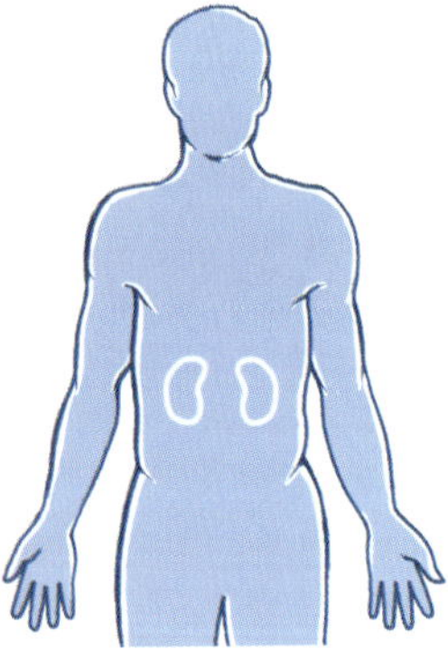

Nierenstärke

Gesunde Nieren regulieren die Knochendichte.

2 Nieren halten

Es fühlt sich an, als hielte man die Nieren in den mit warmer Heilenergie geladenen Händen.

3 Nieren heilen

Bei der Nierenatmung atmet man normal ein und fühlt dabei, wie sich die Nieren ausdehnen und auf die Handflächen drücken. Beim Ausatmen lässt man das Qi der Hände aus Pc 8 in die Nieren fließen. So atmet man weiter, bis sich die Hände leer und die Nieren voll und warm anfühlen. Wird die Nierenatmung vor den Übungen zur Knochenheilung angewandt, so steigert sie deren Effektivität.

Knochenatmung mit den Händen

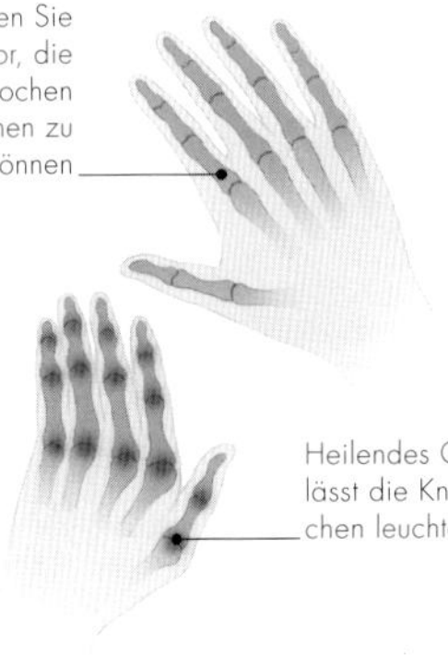

Heilende Hände

Qi Gong wirkt dem Verschleiß der Hände entgegen.

Wenn im Zusammenhang mit Qi Gong von „Atmung" die Rede ist, so meint man die Ausdehnung und das Zusammenziehen von Qi im entsprechenden Körperteil. Ist das Skelett betroffen, so spricht man von „Knochenatmung". Bei der ersten Methode der Knochenatmung geht es um die Hände, denn sie werden am meisten beansprucht und sind besonders großem Verschleiß unterworfen. Doch werden sie nicht nur deshalb für die erste Übung gewählt, sondern auch, weil wir sie am besten kennen – benutzen wir sie doch ununterbrochen.

Damit die Übung ihre volle Wirkung entfalten kann, sollten Sie mit den vielen einzelnen Handknochen vertraut sein. Werfen Sie einen Blick in ein Medizinbuch, das eine Abbildung von den Handknochen enthält.

Übung

In der Mutterposition stehend, sollten Sie sich auf die Hände konzentrieren und sich vorstellen, Sie könnten mit Röntgenblick die einzelnen Knochen genau sehen.

Wenn Sie voll auf die Handknochen konzentriert sind, sollten Sie sich vorstellen, sie wären von einer Wolke aus Qi oder von warmem, golden glühendem Licht umgeben. Stellen Sie sich beim Einatmen vor, dass sich dieses

Qi von den Knochen zur Haut hin ausdehnt und den Körper verlässt. Denken Sie beim Einatmen, dass es zum Knochen zurückkehrt. Den Druck, den das zurückkehrende Qi auslöst, sollten Sie in den Knochen fühlen.

Fahren Sie fort, bis sich die Hände schwer wie Blei anfühlen. Sie können dies allein durch die Vorstellungskraft und der zu ihr koordinierten Atmung schaffen.

Die Muskeln müssen entspannt bleiben, sie würden sonst den Qi-Fluss blockieren. (Manche Autoren sprechen von hartem und weichem Qi; tatsächlich gibt es nur weiches Qi, denn Härte würde den Qi-Fluss behindern.) Der Schlüssel zum Erfolg ist völlige Entspannung.

Weitere Informationen

Weitere Informationen zur **Entspannung** finden Sie auf den Seiten 172–205.

SKELETTATMUNG

Sobald Sie die Knochenatmung mit den Händen beherrschen, können Sie zur Atmung mit dem ganzen Skelett übergehen. Führen Sie diese Übung korrekt aus, beginnt das ganze Knochengerüst zu vibrieren. Jeder einzelne Knochen scheint zu summen – ein sehr angenehmes Gefühl. Indem das Qi regelrecht in die Knochen hineingedrückt wird, erhöht sich ihre Dichte, und das Mark, das eine wichtige Rolle bei der Blutbildung spielt, regeneriert sich. Die Übung dient also der gesamten Gesundheit und ist unerlässlich für alle, die Qi Gong zur Lebensverlängerung praktizieren.

Atmende Knochen

1 *In der Mutterposition stehend, sollten Sie sich aller Knochen bewusst werden und sich vorstellen, dass goldenes Licht um sie pulsiert.*

2 *Denken Sie beim Einatmen daran, dass Qi von den Knochen über die Haut nach außen wandert.*

3 *Denken Sie beim Ausatmen daran, dass Qi in die Knochen zurückströmt.*

4 *Fahren Sie mit der Knochenatmung fort, bis das ganze Skelett bleiern wird und vibriert.*

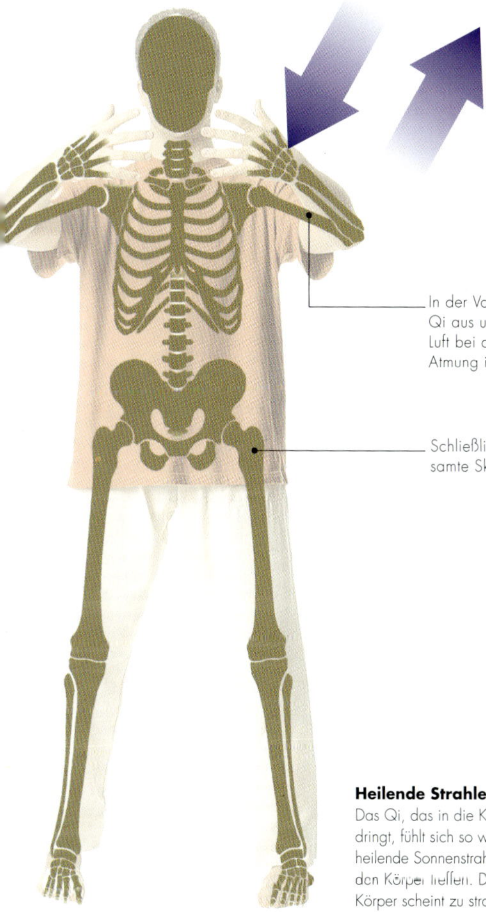

Heilende Strahlen

Das Qi, das in die Knochen eindringt, fühlt sich so warm an wie heilende Sonnenstrahlen, die auf den Körper treffen. Der ganze Körper scheint zu strahlen.

Knochenatmung mit den Gelenken

Diese Übung bezieht außer den Knochen auch das sie verbindende Gewebe – die sich beugenden und streckenden Bänder in den Gelenken – mit ein. Der Schwerpunkt liegt auf dem Oberkörper.

Die Expansion und Kontraktion der Räume zwischen den Knochen erzeugt Qi in den Gelenken, das von den Knochen aufgenommen werden kann. Tai-Chi-Kampfkünstler entwickeln eine explosive Kraft in ihrem Körper, indem sie sich zunächst um Sehnen und Bänder kümmern. Wird ein Mensch von einem Pfeil getroffen, erleidet er eine Verletzung, die von der Kraft herrührt, die durch die Bogensehne auf den Pfeil übertragen wurde. So ist das auch im Körper. Es ist nicht die Faust des Kämpfers, die den Gegner verletzt, sondern die von den Sehnen und Bändern auf sie übertragene Kraft. Beim Tai Chi wird diese Kraft in der Bewegung trainiert; diese Übung bezieht zusätzlich die innere Haltung ein.

Knochen strecken
Bei dieser Qi-Gong-Übung wird eine Tai-Chi-Kampfstellung eingenommen.

Übung

Diese Qi-Gong-Übung wird in einer Tai-Chi-Kampfstellung praktiziert, die der Mutterposition ähnlich ist. Lediglich der rechte Fuß wird ein wenig vorgestellt, wodurch auch eine Hand etwas vor der anderen liegt. Die Arme und Hände hängen locker in den Schultern. Auch bei dieser Übung wird die Hauptarbeit mental geleistet; die körperliche Bewegung ist untergeordnet. Man nimmt alle Spannung aus den Schulter-, Arm-, Hand- und Fingergelenken, sodass sie sich längen und durch das Eigengewicht der Knochen, das an ihnen zieht, gestreckt werden.

Beim Einatmen stellt man sich diese Längung in den Gelenken vor, beim Ausatmen denkt man daran, dass die Gelenkräume sich wieder zusammenziehen.

Es sei betont, dass es sich hier eher um ein Empfinden handelt als um eine tatsächliche körperliche Bewegung.

Weitere Informationen

Weitere Informationen über **Tai Chi** finden Sie auf Seite 220.

GESTRECKTES RÜCKGRAT

Die meisten Menschen haben eine S-förmige Wirbelsäule. Das ist normal und gesund. Doch um die hier vorgestellte Übung *Knochenatmung mit den Wirbelsäulengelenken* durchführen zu können, muss das Rückgrat gestreckt sein.

Ausstrecken

1 *In der Mutterposition stehend, müssen Sie sich auf das Rückgrat konzentrieren. Schieben Sie das Steißbein leicht vor und gehen Sie etwas in die Knie, um die untere Wirbelsäule zu strecken.*

2 *Ziehen Sie das Kinn etwas an und heben Sie den Hinterkopf, um das obere Rückgrat zu strecken. Stellen Sie sich vor, ein auf dem Kopf befestigtes Seil zöge nach oben, ein am unteren Rücken befestigtes Gewicht nach unten.*

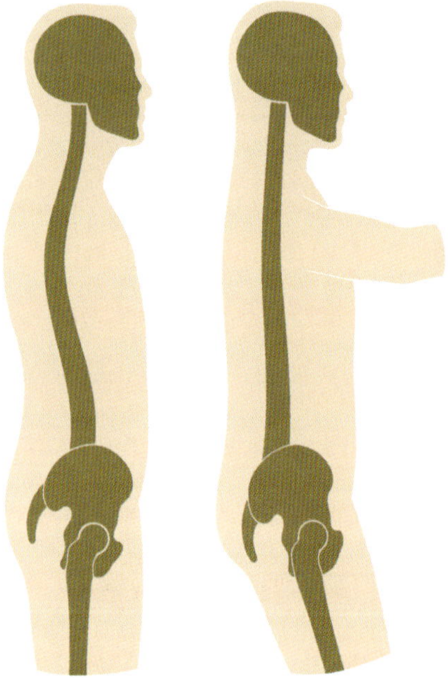

S-FÖRMIGES RÜCKGRAT

GERADES RÜCKGRAT

Selbstheilung
Ein gerades Rückgrat hat viele Vorteile. Das Qi kann frei durch das Lenkergefäß zum Gehirn fließen. Die Nerven können ungehindert von ihrem Ausgangspunkt aus abzweigen und ohne eingeklemmt zu werden problemlos funktionieren.

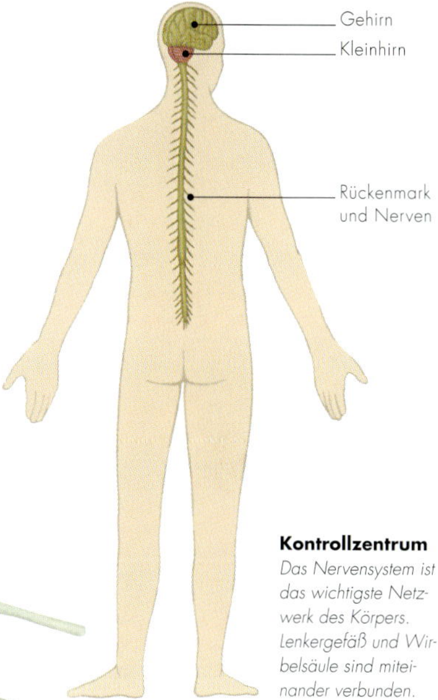

Kontrollzentrum
Das Nervensystem ist das wichtigste Netzwerk des Körpers. Lenkergefäß und Wirbelsäule sind miteinander verbunden.

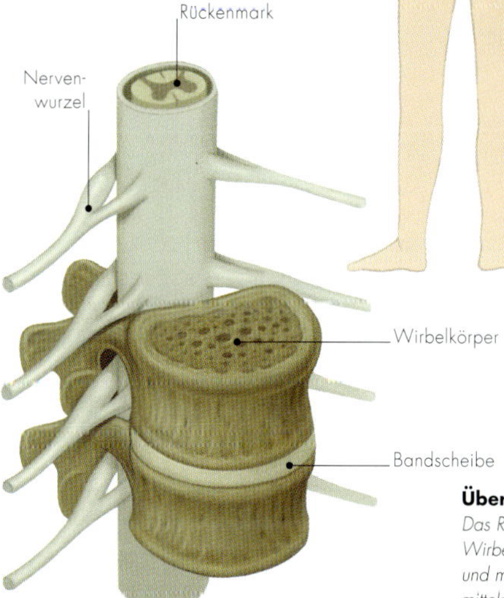

Übermittlung
Das Rückenmark ist durch die Wirbel geschützt. Somatische und motorische Nerven übermitteln Informationen zum und vom zentralen Nervensystem.

Knochenatmung mit den Wirbelsäulengelenken

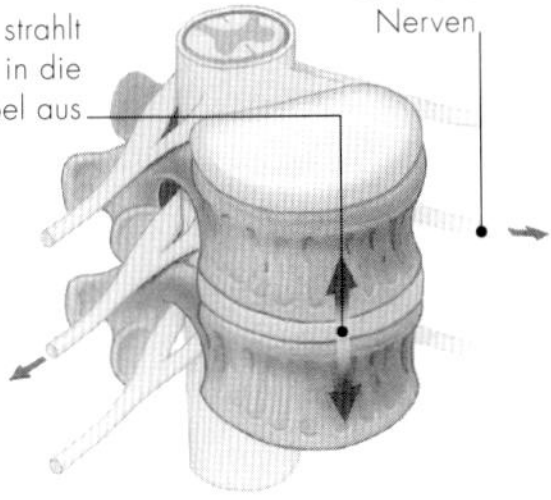

Heilende Kraft
Die Übung erzeugt eine Pulswelle von Qi.

Die Qi-Gong-Übung *Knochenatmung mit den Wirbelsäulengelenken* ist sehr raffiniert. Die meisten Menschen achten erst dann auf ihr Inneres, wenn sie aufgrund irgendwelcher Beschwerden behandelt werden müssen.

Die wenigsten Menschen bemühen sich bewusst um die Entwicklung ihrer inneren Sehkraft, um sehen und spüren zu können, was in ihnen vorgeht oder ihr Qi besser fühlen zu können.

Dieses Buch hat Leserinnen und Leser bisher mit Meridianen, Organen, Energiezentren und Knochen vertraut gemacht. Nun soll die Aufmerksamkeit dem größten Körperknochen gelten.

In den Gelenken der Wirbelsäule soll eine Pulswelle aus Qi erzeugt werden, die dann durch alle Nerven läuft, die vom Rückenmark ausgehen, um heilsam auf das Nervensystem sowie sämtliche inneren Organe zu wirken, die von den Nerven gesteuert werden.

Die Übung ist eine Kombination aus Knochen- und Gelenkatmung. Sie verleiht dem Übenden große Beweglichkeit der Wirbelsäule – nicht die Beweglichkeit, die man braucht, um die Zehen mit den Fingern zu berühren, sondern eine interne Beweglichkeit.

Zunehmende Übung befähigt dazu, verschobene Wirbel von innen her wieder in die richtige Lage zu bringen. Für die Übung sind Sensibilität und Feingefühl nötig.

TSAU TUNG-CHI

Strömt das Qi,
glühen Muskeln und Haut.

Der Stamm des Körpers
ist wie ein Baum mit Ästen.

Versteckt und den meisten Menschen
verborgen, ist es unbekannt.
Große Tugend und Qi
sind wie Gold.

WEI PO-YANG

Weitere Informationen

Weitere Informationen zur **Atmung mit den Wirbelgelenken** finden Sie auf den Seiten 166–167.

WIRBELGELENKSATMUNG

Bandscheiben und Wirbelkörper sind wie der positive und der negative Pol einer Batterie. Schaltet man sie hintereinander, entsteht eine einzige große Batterie, die eine Menge Ladung abgibt. Dazu muss man die Lendenwirbel ausrichten, sodass alle Teile gerade verbunden sind. Das Rückgrat muss senkrecht stehen.

Gefühle

Die Qi-Gong-Übung erzeugt ein subtiles inneres Gefühl. Man kann sie in der Mutter- oder der Wu-Chi-Position durchführen.

1 *Beim Einatmen vergrößert man den Abstand zwischen den Wirbeln. Beim Ausatmen nähert man sie einander wieder an. Dies erzeugt ein Gefühl, als erstreckte sich das Rückgrat von der Erde bis zum Himmel und zöge sich dann wieder zusammen.*

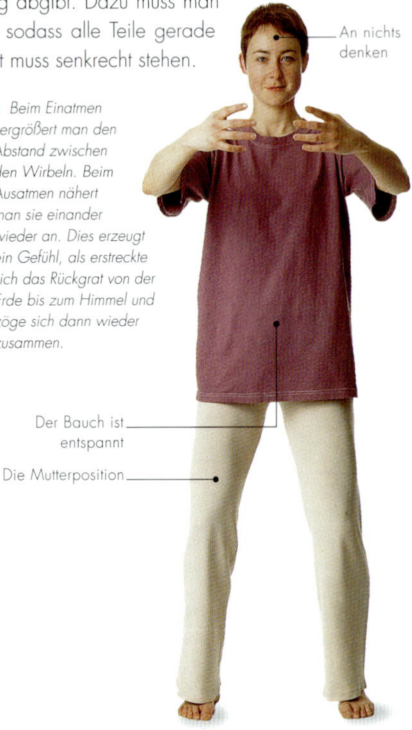

Vorstellung

Die Zeichnung zeigt, wie man sich vorzustellen hat, was beim Ein- und Ausatmen in der Wirbelsäule geschieht.

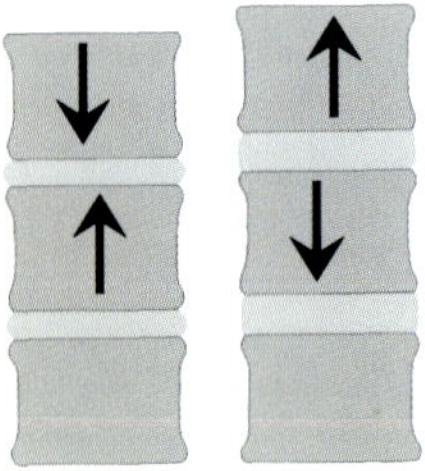

2 *Die Atmung bewirkt eine Pulswelle aus funkelndem Qi, die wie elektrischer Strom durch die Arme zu den Fingern fließt. Das Qi ist wie inneres Sternenlicht – mit magischen Selbstheilungsqualitäten.*

Das Kwa des Rückgrats öffnen und schließen

Kwa-Atmung
Das Kwa von Rückgrat und Armen öffnen und schließen.

Das Wort *Kwa* bedeutet Halbkreis oder Bogen. Bei dieser Übung ist mit öffnen und schließen das Beugen und Strecken der beiden wichtigsten Kwa des Körpers gemeint, was durch Qi-Gong-Atmung gelingt. Das Kwa kann einen derart mächtigen Prozess des Qi-Flusses in Gang setzen, dass das Qi den Körper füllt wie einen Ballon. Vor allem das Abwehr-Qi dehnt sich aus, was die Immunkräfte stärkt.

Während sich das Qi bei dieser Übung ausdehnt, meint der Übende selbst, über die Grenzen seines Körpers hinaus zu expandieren. Manchen Menschen gelingt es, von oben auf den eigenen Körper zu blicken und sich bei der Qi-Gong-Übung zuzusehen (siehe Seite 206–215). In diesem Sinne könnte man das Kwa auch als die Brücke zur spirituellen Welt sehen.

Übung

Das senkrecht verlaufende Wirbelsäulen-Kwa bildet eine Linie zwischen Steißbein und Scheitelpunkt des Kopfes. Das waagerechte Arm-Kwa bildet eine Linie, die von der Spitze des Mittelfingers über Arme und Rücken zur Spitze des anderen Mittelfingers verläuft, es stellt also einen hufeisenförmigen Bogen dar.

Man geht für die Übung in die Mutterposition. Um das Kwa zu öffnen, muss man es strecken: Hände auseinander halten, das Rückgrat strecken, einatmen und den Unterbauch einziehen. Um das Kwa zu schließen, muss man es beugen: Hände zusammenbringen, das Rückgrat krümmen, ausatmen und den Unterbauch vorschieben. Langsam fünf Minuten lang üben.

Nach der Übung das Qi sammeln und im unteren Dan Tian speichern.

Das Öffnen und Schließen ist Atmung mit dem ganzen Körper, die als sichtbare physische Bewegung beginnt, sich aber mit der Zeit zu einer mentalen inneren Energiebewegung entwickelt, die man nur noch spürt.

Weitere Informationen

Weitere Informationen zur **Atmung** finden Sie auf den Seiten 68–71.

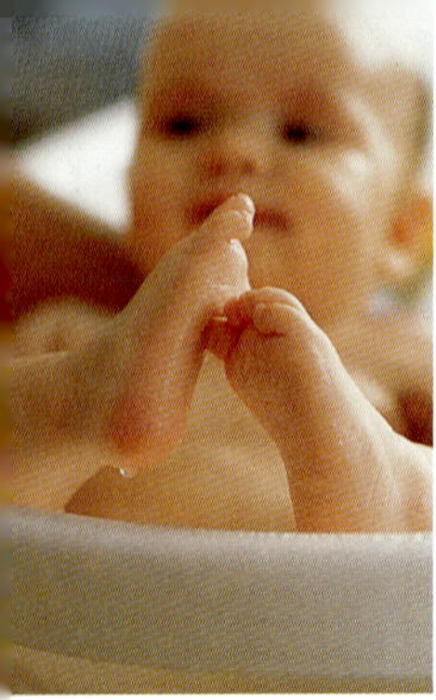

Fontanellen

Die Schädelknochen des Säuglings sind gegeneinander verschiebbar, damit der Kopf durch den Geburtskanal passt.

SCHÄDELATMUNG

Durch die Hinterhauptshöhle dringen spirituelle Informationen in uns ein, wandern aber sofort ins Unterbewusstsein, sodass man sie nur schwer bewusst erfassen kann. Durch diese Übung wird energetisch – nicht physisch – ein Punkt auf dem Schädeldach geöffnet, um einen Ausgang für Spiritualreisen zu schaffen. Als Nebeneffekt dieser Atmung wird das Gehirn energetisch aufgeladen, was die Fantasie und die Kreativität anregt.

Natürlicher Effekt

Wissenschaftler haben minimale Bewegungen der Schädelknochen bei der Atmung nachgewiesen.

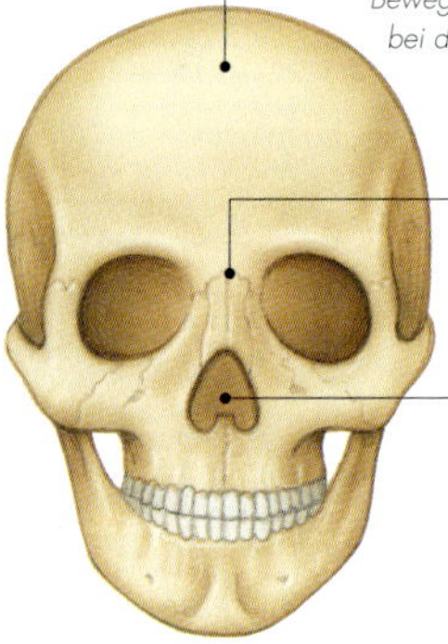

VORDERANSICHT

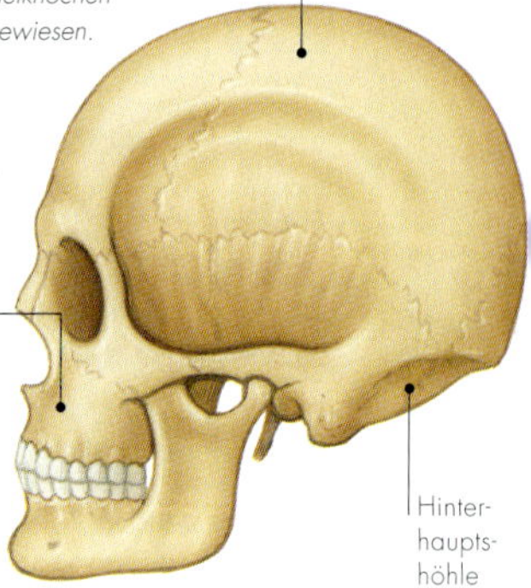

SEITENANSICHT

1 *In der Mutterposition stehend, sollten Sie sich vorstellen, der Kopf wäre von golden strahlendem Heil-Qi umgeben.*

2 *Achten Sie beim Einatmen auf das Gefühl, wie sich der Schädel weitet und mit Qi füllt. Achten Sie beim Ausatmen auf das Gegengefühl.*

3 *Speichern Sie nach der Übung das Qi immer im unteren Dan Tian.*

Qi-Gong-Bewegungsübungen

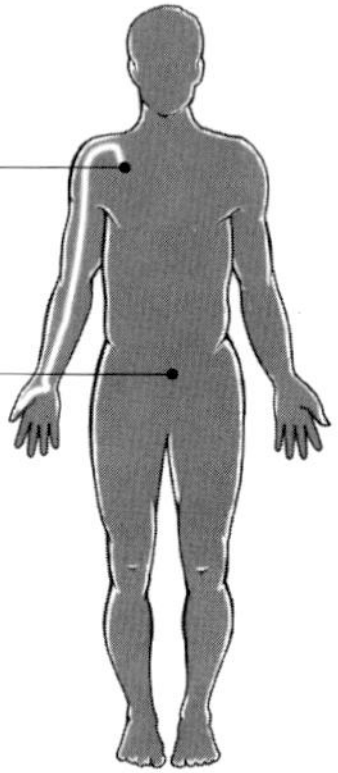

Warenlager des Qi
Die Lunge ist der erste der 12 Meridiane.

Die auf den folgenden Seiten vorgestellten Übungen umfassen alle Qi-Gong-Techniken, die bisher erklärt wurden.

Die Bewegungsabläufe beruhen eher auf der mentalen Kraft des Willens als auf Muskelspannung; trotz körperlicher Aktivität sollte alle unnötige körperliche Anspannung vermieden werden. Das ebnet den Weg zu einer geistigen Aktivität ohne Überanstrengung.

Entspannung muss von vielen Menschen erst wieder gelernt werden. Zu „versuchen" sich zu entspannen, schafft Spannung; man muss sich vielmehr „erlauben" entspannt zu sein. Angespannte Muskeln blockieren den Qi-Fluss. Wo das Qi fließt, hat auch das Blut freien Durchgang; eine Steigerung des Qi-Flusses kommt dem positiven Effekt einer verbesserten Blutzirkulation gleich.

Vor Beginn der Übungen empfiehlt es sich, 15 Minuten lang in der Mutterposition zu stehen, um Qi aus dem unteren Dan Tian in den Körper zu leiten.

Angenehmes Gefühl

Führt man die Übungen richtig aus, erzeugen sie angenehme Empfindungen. Man fühlt sich schwerelos und warm, elektrisiert und wie von Quecksilber durchflossen. Manche haben auch die Empfindung, in der Luft zu schwimmen als bestünde sie aus Wasser.

Die Körperbewegungen sind in harmonischem Einklang mit der Atmung, die so ruhig und langsam wie möglich sein sollte, dabei so leise, dass man sie selbst nicht hören kann. Halten Sie den Mund geschlossen und atmen Sie durch die Nase. Diese Atmung sollte wie von selbst erfolgen.

Die Übungen bilden einen Zirkel, in dem der Körper dem Qi folgt. Das Qi folgt dem Geist und der Geist ist in Harmonie mit der Natur.

Zur Bewegung der Hände und Füße müssen Sie fest im unteren Dan Tian zentriert sein und sollten den Bauch kreisen lassen.

Weitere Informationen

Weitere Informationen über **Tai Chi** finden Sie auf Seite 220.

DEN SPERLING ERGREIFEN

Diese fließende Folge von Qi-Gong-Bewegungen reguliert den Qi-Fluss in Lunge und Dickdarm sowie ihren zugehörigen Meridianen. Die Abfolge kann wiederholt werden – am besten neunmal. Nach der Übung sollten Sie das Qi sammeln und im unteren Dan Tian speichern.

1 *In der Mutterposition stehend, sollten Sie 70 % des Körpergewichts auf den rechten Fuß verlagern. Der linke Fuß ist leicht gestreckt und um einen Schritt zurückgesetzt.*

2 *Die Hände drehen, Bauch und Hüften nach links bewegen, während sich die Hände senken. 70 % des Gewichts liegen jetzt auf dem linken Fuß.*

3 *Die linke Hand in die rechte legen. Hände heben und dabei die Hüfte nach rechts drehen, sodass wieder 70 % des Gewichts auf dem rechten Fuß liegen.*

Sperlingsflug

Die Hände bewegen sich wie die Flügel des Sperlings.

6 *Nun Hüfte und Gewicht nach rechts verlagern – die Fläche der linken Hand zeigt zum rechten Ellbogen. Zur Wiederholung in die Ausgangsposition zurückkehren.*

4 *Zurückschwingen und die Hände öffnen, dann wieder nach vorn kommen.*

5 *Hüfte und Gewicht nach links verlagern und zugleich den rechten Unterarm so drehen, dass die Fläche der rechten Hand zum linken Ellbogen zeigt.*

Hände wie Wolken bewegen

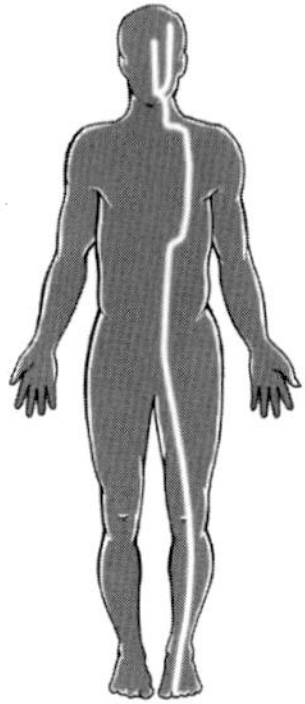

Wolkenhände
Die Bewegungen heilen den Magenmeridian.

Diese *Wolkenhände* genannte fließende Abfolge von Qi-Gong-Bewegungen bringt das Qi von Magen und Milz sowie ihren Meridianen ins Gleichgewicht. Mithilfe der Folge lässt sich das *Sung* genannte Qi-Gong-Prinzip entwickeln, das darin besteht, unnötige körperliche und mentale Spannungen abzubauen, zu entspannen und eine ruhige Qi-Gong-Haltung einzunehmen.

Wer physische Spannung abbaut, entspannt auch geistig; geistige Entspannung fördert die körperliche – eine sich steigernde Wechselwirkung. Im Zustand des Sung ist man gelöst und aufmerksam, ruhig und konzentriert; die Hand-Augen-Koordination und die Reaktionsfähigkeit sind deutlich verbessert.

Im Zustand des Sung wird der Körper substanzhafter, elastischer und widerstandsfähiger. Diese der Jugend zugeordneten Qualitäten kann man bis ins Alter entwickeln, um typische Altersbeschwerden hinauszuzögern.

Wenn man die Bewegung der Handgelenke beim Wechsel von der Yin- in die Yang-Position nicht spürt, ist man im Zustand des Sung. Der Yin-Yang-Wechsel der Hand entspricht der Bewegung der Flügel von Vögeln, wenn sie durch die Luft fliegen.

GLEICHGEWICHT

Bist du auch hart wie Holz,
bläst der Wind, so brichst du.

Bist du auch weich wie Gras,
bläst der Wind,
so biegst du dich.

Bist du wie Bambus,
schwingst du geschmeidig.

So sind Yin und Yang.

DER UNSTERBLICHE TAOIST

Weitere Informationen

Weitere Informationen über **Yin- und Yang-Hände** finden Sie auf den Seiten 72 und 76.

WOLKENHÄNDE

Die langsam ausgeführte Bewegungsfolge kann beliebig oft wiederholt werden (mindestens fünf Minuten lang). Nach der Übung das Qi im unteren Dan Tian speichern.

1 *Beginn in der Mutterposition, doch ist die rechte Hand zum Gesicht, die linke nach unten gedreht. Durch Hüftdrehung nach rechts das Gewicht auf den rechten Fuß verlagern.*

2 *Die Hand- und Armhaltung in die Gegenposition wechseln: die linke Hand zeigt zum Gesicht, die rechte nach unten.*

3 *Die Hüfte nach links bewegen und das Gewicht auf linken Fuß verlagern.*

4 *Die Hände drehen, während die Hüfte weiter nach links geht und mehr Gewicht auf den linken Fuß kommt.*

Luftiges Gefühl

Die Handgelenke sind leicht wie Wolken.

5 *Die linke Hand nach unten, gleichzeitig die rechte Hand nach oben bringen. Zur Vollendung der Übung die Hüfte nach rechts drehen und das Gewicht nach rechts verlagern. Die Abfolge wiederholen.*

Knie streifen und Drehschritt

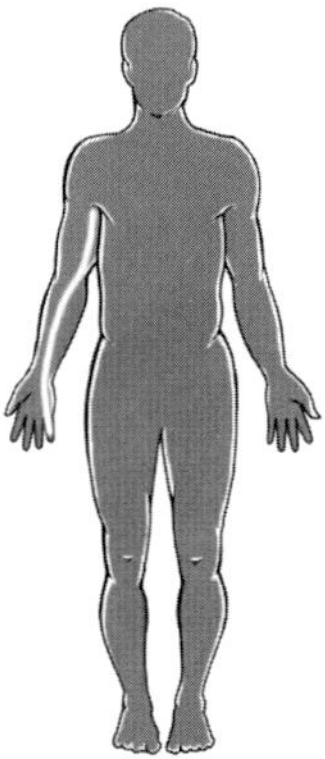

Herz im Gleichgewicht
Der Herzmeridian verläuft an der Arminnenseite.

Diese Abfolge von Qi-Gong-Bewegungen dient dazu, die Qi-Energie in Herz und Dünndarm und ihren Meridianen auszugleichen. Sie soll so langsam wie möglich ausgeführt werden. Herz und Gefühl stehen in Verbindung.

Um das Herz zu beruhigen und Unruhe abzubauen, sollten Sie sich so langsam bewegen, dass Sie die Bewegung nicht spüren.

Sind unsere Bewegungen fließend und ruhig, spiegelt sich das im Qi, das glatt durch den Körper fließt und für Ausgleich sorgt; man wird ruhig und fühlt sich wohl. Außerdem gleicht die langsame Bewegung einer Art Bewegungsmeditation.

Der Fluss von Yin und Yang

Konventionelle Übungen wie beispielsweise Jogging steigern den Blutdruck. Die Qi-Gong-Bewegungen hingegen erzeugen sanfte Zentrifugal- und Zentripetalkräfte, die den Blut- und Energiefluss vom Rumpf in die Extremitäten und zurück anregen. Ohne das Herz anzustrengen, wird die Zirkulation verbessert.

Während dieser Qi-Gong-Übung wird die Hüfte von der einen zur anderen Seite gedreht. Diese natürliche fließende Bewegung ist Yin und Yang. Yin ist die zentripetale nach innen gerichtete Spiralbewegung, Yang die zentrifugale nach außen gerichtete Spiralbewegung. Die generierten Kräfte erzeugen einen Fluss durch den Körper, der die Hüfte einwärts (Yin) und auswärts (Yang) kreisen lässt.

Zwischen dem unteren Dan Tian und dem diagnostischen Puls der traditionellen chinesischen Medizin, der an der Pulsader zu fühlen ist, entsteht eine energetische Verbindung.

Alle Rumpfbewegungen müssen von der Drehung der gerade und aufrecht gehaltenen Wirbelsäule herrühren. Damit sich auch der Kopf mit dem Körper bewegt, muss die Nase gerade über dem Nabel liegen

Weitere Informationen

Weitere Informationen über **das Herz** finden Sie auf den Seiten 40–42

KNIE STREIFEN/DREHSCHRITT

Den Körperschwerpunkt tief halten; bei der Vorwärtsbewegung den Körper nicht anheben, die Knie gebeugt halten, das stärkt die Beine. Während die Hand das Knie streift, das Gewicht vorn halten, dann die Zehen ausstrecken. 12-mal wiederholen, zum Schluss das Qi im unteren Dan Tian speichern.

1 *Die Hände scheinen einen großen Ball zu halten. Die Hüfte nach rechts drehen, das gesamte Gewicht liegt auf dem rechten Bein.*

2 *Während man die rechte Hand hebt, streift die linke das angehobene linke Knie.*

3 *Den linken Fuß absetzen und die Hüfte nach links drehen. Die rechte Hand vor den Körper bringen.*

4 *Das Gewicht vorn auf dem linken Bein halten, die Hüfte etwas nach rechts zurückdrehen. Den rechten Ellbogen leicht senken und die rechte Handfläche vorstoßen.*

5 *Die Hüfte wieder nach links drehen, das Gewicht auf das linke Bein legen. Die Hände formen, als hielten sie einen großen Ball, die rechte Hand nach oben drehen.*

6 *Die linke Hand heben, die rechte Hand streift das angehobene rechte Knie. Den Bewegungsablauf seitenverkehrt wiederholen.*

Beugung rückwärts

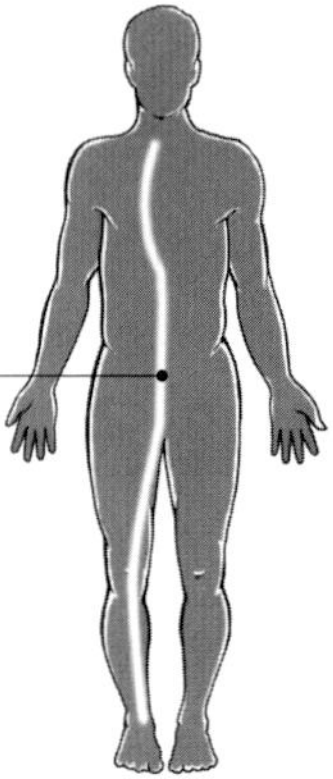

Lager ererbter Energie
Die Nieren steuern Knochen und Sexualenergie.

Diese Abfolge von Qi-Gong-Bewegungen dient dazu, die Qi-Energie in Nieren und Blase und ihren zugehörigen Meridianen auszugleichen. Das Strecken und Beugen erzeugt eine heilwirksame Lockerung von Nieren und Blase, doch sollte man sich dabei nicht zu stark beugen.

Wenn Sie sich bei der Übung nicht nur vor und zurück, sondern auch seitwärts bewegen, werden alle Muskeln rund um den Bauch beansprucht. Alle Qi-Gong-Bewegungsübungen regen den Muskeltonus an, verbessern die Haltung (im Gehen und Stehen), den Gleichgewichtssinn und die Koordinationsfähigkeit.

Die kreisenden Bewegungen des Rumpfes und die leichte Drehbewegung in den Gelenken lassen den ganzen Körper wie einen Fluss fließen. Praktizieren Sie Qi-Gong in dieser Weise, spüren Sie, wie die Energie in spiraliger Bewegung durch Arme, Beine und Rumpf strömt.

All diese Bewegungsabläufe stärken das Selbstbewusstsein und Wohlbefinden. Der durch sie bewirkte Stressabbau kräftigt die Gesundheit und fördert die innere Ruhe.

Bei der Ausführung der Übung sollten Sie sehr langsam beginnen und den Rücken nur ganz leicht biegen, damit es lediglich zu einer schwachen Kompression kommt.

TAO TE CHING

Altes, totes Holz bricht.

Junge, saftige Zweige
biegen sich.

So folgen die Steifen dem Tod
und die Geschmeidigen
dem Leben.

LAO TZU

Weitere Informationen

Weitere Informationen über **die Nieren** finden Sie auf den Seiten 44–47

RÜCKWÄRTSBEUGE

Wer diese Qi-Gong-Übung ausführt, meint ein Lasso zu werfen. Auch Arme und Wirbelsäule fühlen sich wie ein biegsames dickes Seil an – gebogen in Form und Bewegung.

1 *In der Mutterposition stehend, den rechten Fuß um einen Schritt vorgestellt, die Hüfte nach rechts drehen, alles Gewicht auf den rechten Fuß lagern. Die Hände bilden lockere Fäuste, die rechte zeigt in Hüfthöhe nach oben, die linke stößt nach unten.*

2 *Die linke Hand in Brusthöhe heben. Während Sie auch die rechte Hand heben, sollten Sie eine langsame Drehung nach links beginnen.*

3 *Die Hüfte nach links drehen, das Gewicht auf den linken Fuß verlagern. Die rechte Hand vor das Gesicht heben, dabei den Rücken leicht nach hinten beugen.*

4 *Das Gewicht auf dem linken Bein haltend, die Hüfte nach rechts drehen und die rechte Hand über das Gesicht heben.*

5 *Die Hüfte wieder nach links drehen, das Gewicht auf den rechten Fuß verlagern. Die rechte Faust nach oben drehen.*

6 *Das Gewicht liegt jetzt vorn auf dem rechten Fuß, der Körper ist vorgebeugt, die Übung kann neu beginnen und zwei- bis dreimal wiederholt werden. Zuletzt das Qi im unteren Dan Tian speichern.*

Die Pforten öffnen

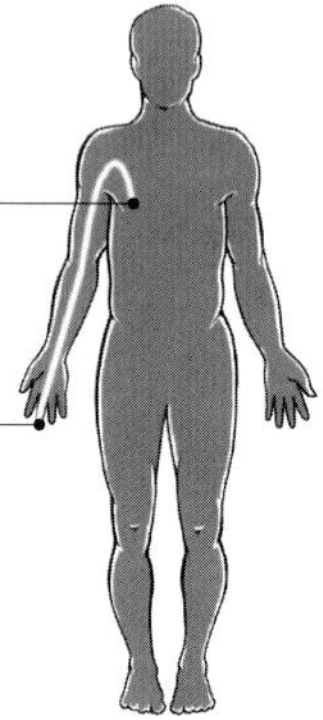

Herzschutz
Der Perikardmeridian läuft von der Brust zum Mittelfinger.

Diese Abfolge von Qi-Gong-Bewegungen dient dazu, die Qi-Energie in den Meridianen von Herzbeutel und Dreifach-Erwärmer auszugleichen.

Das Perikard ist ein Organ, das das Herz schützend umgibt, der Dreifach-Erwärmer hingegen ist eher ein Prozess, der mit den drei Körperhöhlen, gleichsam den Heizräumen des Körpers, in Verbindung steht.

In der oberen Körperhöhle wird durch Atmung, in der mittleren durch Verdauung und in der unteren durch die Fortpflanzung Wärme erzeugt. Der Meridian des Dreifach-Erwärmers läuft durch diese drei Höhlen und reguliert den Wärmeaustausch zwischen ihnen.

Hat sich überschüssige Wärme im Körper gestaut, kann man sie leicht durch Akupunktion der Punkte Dreifach-Erwärmer 5 und Gallenblase 41 sowie Lunge 7 und Niere 6 abbauen.

Obwohl die Akupunktur die bessere Methode ist, hilft auch die Akupressur bei Fieber (siehe hierzu auch Seite 104–107).

Das Studium der Akupunktur hilft sehr, die Wirkungsweise von Qi-Gong und Tai Chi besser zu verstehen.

Weitere Informationen

Weitere Informationen über **Perikard 8 und Dreifach-Erwärmer** finden Sie auf den Seiten 48–50.

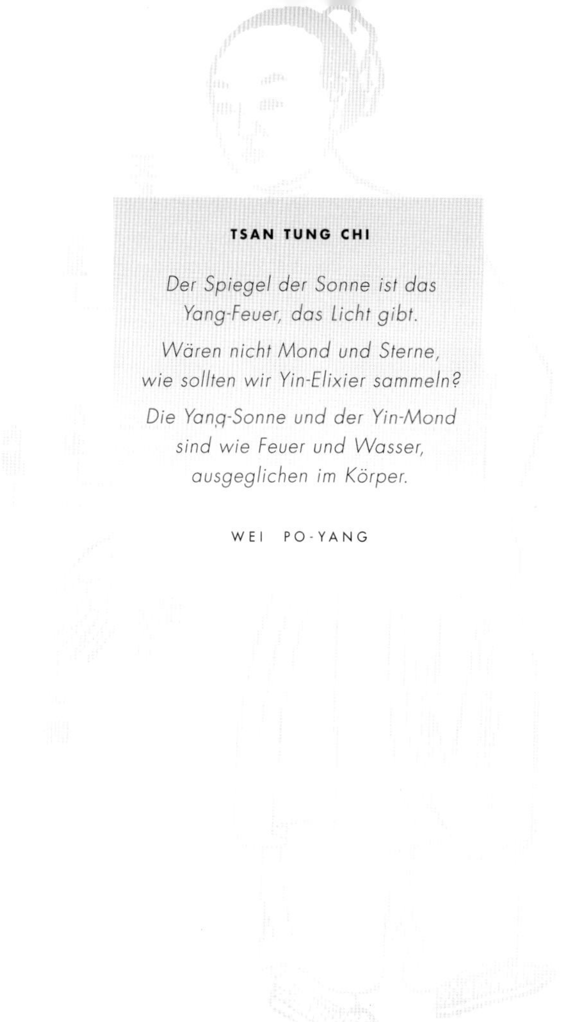

TSAN TUNG CHI

Der Spiegel der Sonne ist das
Yang-Feuer, das Licht gibt.

Wären nicht Mond und Sterne,
wie sollten wir Yin-Elixier sammeln?

Die Yang-Sonne und der Yin-Mond
sind wie Feuer und Wasser,
ausgeglichen im Körper.

WEI PO-YANG

ÖFFNEN DER PFORTEN

Man führt diese Übung gewöhnlich zu Beginn einer Qi-Gong-Sequenz aus, um die Körperhöhlen dem Energiefluss zu öffnen. Sobald das Qi freigelassen ist, kann man fühlen, wie es vom Rumpf zum Kopf strömt.

1 *In der Wu-Chi-Position stehend, heben Sie die Arme zu einer Kreisbewegung nach außen, atmen ein und erheben sich dabei, indem Sie sich leicht auf die Ballen der Füße stellen.*

2 *Die Hände nach unten führen, die Füße seitwärts drehen, die Knie leicht beugen und ausatmen.*

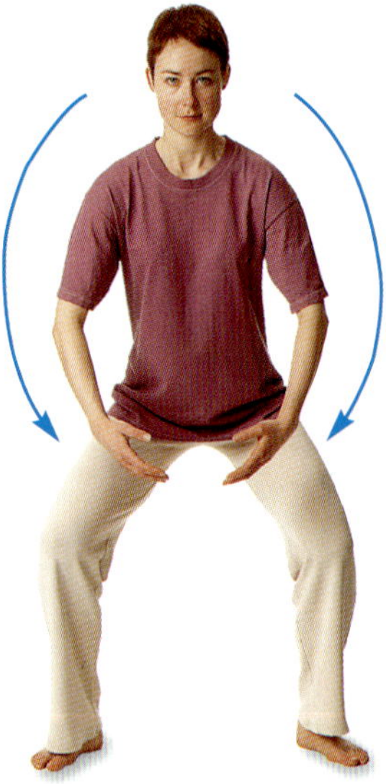

Tor zur Energie
Wenn sich die Energiepforten öffnen, strömt das Qi aufwärts.

3 *Die Füße nach innen drehen und einatmen, den Bauch leicht einziehen und aufrichten.*

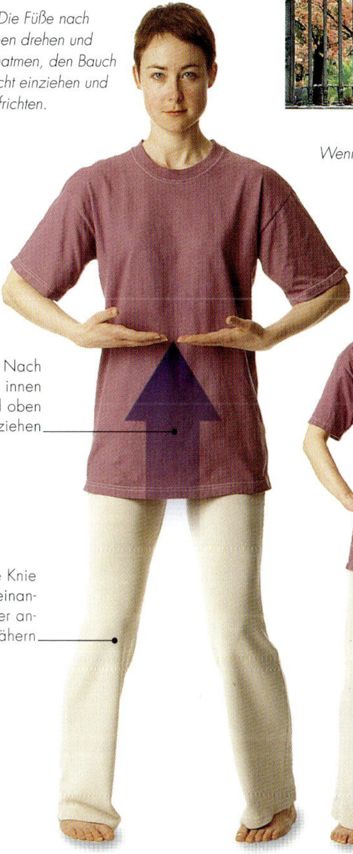

4 *Ganz aufrichten. Ausatmen, die Hände drehen und absenken. Die Sequenz zwei- bis dreimal wiederholen. Zuletzt das Qi im unteren Dan Tian speichern.*

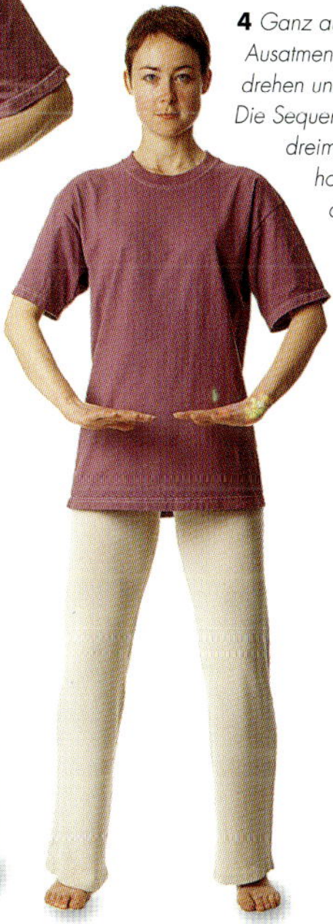

Rückschritt und den Affen abwehren

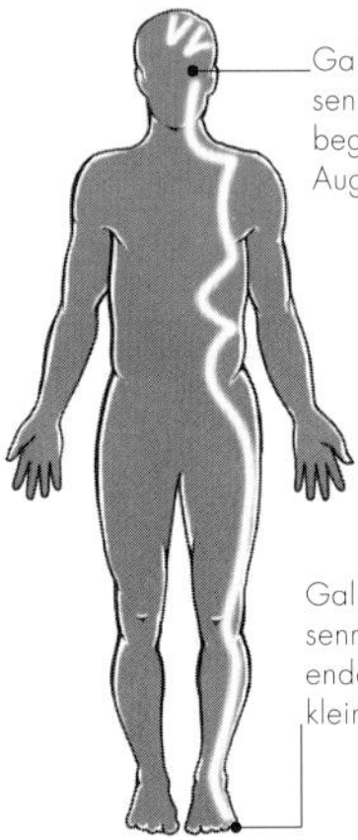

Gallenblasenmeridian

Dieser Meridian beherrscht die Abwärtsbewegung des Qi.

Diese Abfolge von Qi-Gong-Bewegungen dient dazu, die Qi-Energie in Leber und Gallenblase und ihren Meridianen auszugleichen. Die Leber kontrolliert die Sehnen. Alle Qi-Gong-Bewegungsübungen zielen darauf, eine schwere, lockere, entspannte elastische Ganzkörperkraft zu entwickeln, die aus den Sehnen und Bändern kommt. Steife Muskelkraft ist dagegen nicht erwünscht. Die elastische Kraft wird auch innere Kraft genannt.

Um das Phänomen zu verstehen, können Sie sich einen Mann vorstellen, der mit der Axt einen Baum fällt und einen anderen, der mit dem Hammer einen Nagel einschlägt. Wer mit der Axt weit ausholende Schläge führt, muss den ganzen Körper einsetzen; wer einen Nagel einhämmert, muss nur mit dem Arm arbeiten.

Während man innere Kraft entwickelt, gewinnt man einen elastischen Schritt und spürbare Vitalität. Auch im Alter bleibt man gelenkig und aktiv. Je mehr innere Kraft man sich aneignet, desto widerstandsfähiger wird der ganze Körper; die Aussicht auf ein langes, gesundes Leben wächst. Da sich ein innerer Zweig des Lebermeridians durch das Gehirn zum Scheitelpunkt des Kopfes zieht, lohnt es sich, regulierend auf die Leber und ihre Leitbahn einzuwirken.

Ist die Leber überanstrengt, führt das zu Unruhe und Reizbarkeit. Wer darunter leidet, sollte die Übung möglichst langsam durchführen, um die Leber zu beruhigen.

Zorn

Wer zu Zorn und Wutsausbrüchen neigt, leidet möglicherweise an einer Überhitzung der Leber. Ein solcher Mensch sollte stark gewürzte und frittierte Speisen meiden und mehr Obst und Gemüse essen. Chrysanthementee hat eine kühlende Wirkung; bei Bedarf sollte man so viel wie möglich davon trinken.

Weitere Informationen

Weitere Informationen über **die Leber** finden Sie auf den Seiten 49–51.

RÜCKSCHRITT/AFFE ABWEHREN

Beim Rückschritt das Gewicht auf die Ferse des Standbeins legen, dabei die Nase genau über dem Nabel halten und nach der Hand sehen. Die Folge neunmal wiederholen, dann das Qi im unteren Dan Tian speichern.

1 *Den linken Fuß einen Schritt vor den rechten stellen, linke Hand unten, rechte oben, Handfläche nach außen gedreht.*

2 *Einatmen, auf das rechte Bein stützen, das linke heben, die Hände einander annähern.*

Affenliebe

Bemühen Sie sich um natürliche Bewegungen, äffen Sie nicht den Affen nach.

4 *Auf der Gegenseite wiederholen.*

3 *Ausatmen, das linke Bein zurücksetzen, mit der rechten Hand abblocken, die linke Hand vorstoßen.*

Das Gewicht auf die Ferse verlagern

Wie eine Ente sitzen

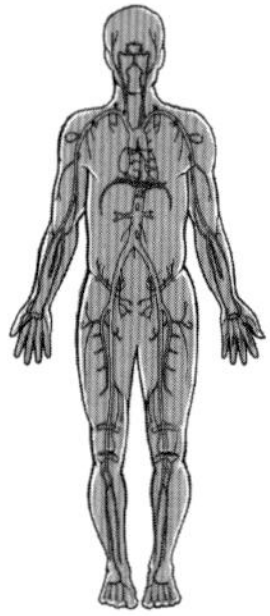

Kreislauf
Die Übung regt den Kreislauf an, ohne das Herz anzustrengen.

Diese Abfolge von Qi-Gong-Bewegungen verjüngt den Körper und kurbelt den Kreislauf an. Anfänger sollten die Übung deshalb möglichst langsam durchführen, damit die allmähliche und fließende Bewegung das Qi in heilsamer Weise strömen lässt.

Wer die Bewegungsfolge gut beherrscht, kann sie schneller ausführen. Die dadurch generierten zentrifugalen und zentripetalen Kräfte beschleunigen den Kreislauf. Menschen mit Hüft- und Kniebeschwerden sollten die Übung nicht ausführen, weil sie die entsprechenden Gelenke zu sehr belastet. Ihnen sei die folgende Übung empfohlen:

In der Wu-Chi-Position stehend, den entspannten Oberkörper in der Taille nach rechts und links drehen. Dabei die Schultern entspannt halten – die Arme werden durch die Zentrifugalkraft nach außen bewegt.

Ohne das Herz allzu sehr zu belasten, stärkt diese Übung den Kreislauf, was der Gesundheit gut tut. Das Kreisen und Drehen massiert die inneren Organe – die Reservoire der Körperenergie –, denn das Qi wird angeregt, durch das gesamte Meridiansystem zu fließen.

Weitere Informationen

Weitere Informationen über **Qi Gong** finden Sie auf Seite 220.

TSAN TSAN TUNG CHI

Kehre zurück zum Wu Chi
und umarme deinen Geist.
Öffne und schließe dich,
während du dich umwendest,
und feste Knochen werden wachsen.
Die Energie wird fließen
wie Wolken und Regen, grenzenlos.

WEI PO-YANG

WIE EINE ENTE SITZEN

Heftige Seitdrehungen von Hüfte und Bauch erzeugen eine Rotationskraft, die die Arme zur Seite schleudert. Die Schultermuskulatur soll völlig entspannt bleiben.

2 *In der Taille nach rechts drehen.*

1 *Das Gewicht liegt auf dem rechten Fuß, der linke ist einen Schritt vorgestellt, nur die Zehen berühren den Boden. Die Handflächen sind einander zugewandt, die linke Hand befindet sich unten.*

Gleiten

Wie Wasser vom Gefieder einer Ente perlt, so glatt sollten auch Ihre Bewegungen sein.

3 *In der Taille nach links drehen, den rechten Arm unter den linken führen. Das rechte Knie so tief beugen, dass es am linken Knöchel den Boden berührt. Auf der rechten Ferse sitzen und drei Minuten halten.*

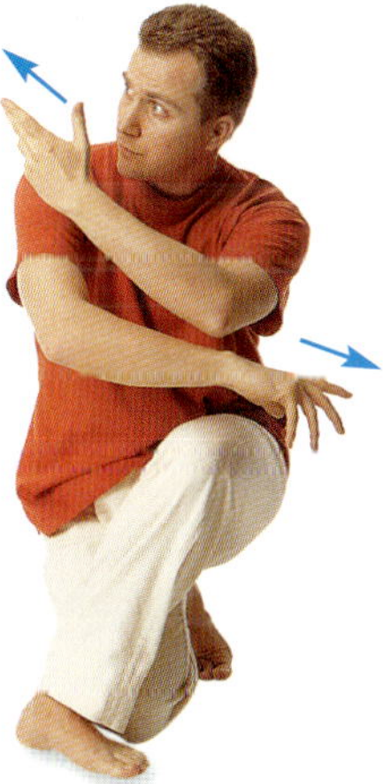

4 *In einem Zug aufstehen, den rechten Fuß einen Schritt vorsetzen, die Arme tauschen und den Bewegungsablauf zur Gegenseite ausführen. Nach der Übung das Qi im unteren Dan Tian speichern.*

Fegender Lotoswurzel-Kick

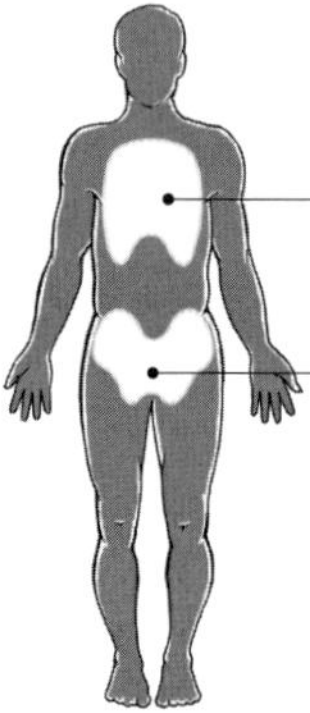

Gürtelmeridian
Diese Übung aktiviert den Gürtelmeridian.

Vor allem Menschen mit Durchblutungsstörungen profitieren von dieser Qi-Gong-Bewegungsfolge. Die Kraft zur Ausführung entsteht durch das Drehmoment, das durch die gegenläufige Bewegung von Becken und Brustkasten ausgelöst wird.

Die erst zur einen, dann zur anderen Seite ausgeführte Drehung erzeugt Druck und Gegendruck auf alle Muskeln, Sehnen und Organe und stärkt den Blutfluss. Das Zwerchfell wird massiert, das Qi strömt vom Bauch in die Extremitäten und zurück.

Die Drehung aktiviert vor allem auch den Gürtelmeridian, der in Höhe der Taille um den Körper läuft und Ober- und Unterkörper, aber auch Nieren und unteres Dan Tian sowie alle über Bauch und Rücken verlaufende Leitbahnen miteinander verbindet.

Die aus den gegenläufigen Bewegungen von Brustkasten und Becken generierte Kraft wird in einigen alten Kampfkunstarten – wie beispielsweise dem Tai Chi des Chang San Feng – genutzt.

Weitere Informationen

Weitere Informationen über **Chang San Fengs Tai Chi** finden Sie auf Seite 17.

TSAN TUNG CHI

Ohne Qi Gong
Gesundheit erlangen zu wollen,
ist wie Kaninchen
unter Wasser zu jagen
oder Fische im Gebirge zu suchen.
Willst du Fortschritte machen,
so nähre deine innere Energie.

WEI PO-YANG

LOTOSWURZEL-KICK

Diese Bewegungsfolge entstammt dem Alten Yang-Stil des Tai Chi, das sich von der Kampfkunstart der 12 Qi-Unterbrechungsformen ableitet. Sie ist auch die Quelle des Pa Kua Chang, die das Drehmoment in fast jeder Bewegung nutzt.

1 *Die Füße bilden ein T, das Becken ist nach links, der Brustkasten nach rechts gedreht.*

2 *Das Becken nach rechts, den Brustkasten nach links drehen, die rechte Hand gegen die rechte Fußspitze schlagen.*

3 *Den rechten Fuß zum Boden bringen; die Bewegung linksseitig wiederholen. Nach der Übung das Qi im unteren Dan Tian speichern.*

Vorwärtsschritt zu den sieben Sternen

Diese bewegungslose Qi-Gong-Haltung nützt der allgemeinen Gesundheit und stärkt den Blutkreislauf. Die sieben Sterne bedeuten zweierlei: Zum einen ist das Sternbild Großer Wagen gemeint (auch großer Bär genannt), das als Quelle himmlischer Qi-Energie gilt, zum anderen eine Position der Selbstverteidigung, weil der getroffene Gegner Sternchen sieht.

Man hält die Position, während man mit leicht angezogenem Knie auf einem Bein balanciert. Die Übung kräftigt das Standbein, denn es trägt das Körpergewicht und verbessert den Gleichgewichtssinn.

Man unterscheidet zwischen innerem und äußerem Gleichgewicht. Um das äußere Gleichgewicht zu trainieren, hält man den vorderen Fuß knapp über dem Boden, nur die Zehenspitzen dürfen ihn berühren. Zur Entwicklung des inneren Gleichgewichts schließt man dabei außerdem die Augen.

Übung

Einen Fuß vor den anderen stellen, alles Gewicht auf den hinteren Fuß verlagern, die Knie leicht beugen, den vorderen Fuß knapp vom Boden heben.

Die Hände locker zur Faust ballen, die Arme an den Handgelenken überkreuz vor den Körper heben.

Die Position drei Minuten halten, dann Standbein und Arme wechseln. Die Schultern bleiben entspannt, auch den Bauch entspannt halten, damit das Qi sich sammeln und den Körper durchströmen kann.

Die Übung dreimal wiederholen, dann das Qi sammeln und im unteren Dan Tian speichern.

Weitere Informationen

Weitere Informationen zur **Speicherung des Qi** finden Sie auf den Seiten 88–96.

Schritt zu den sieben Sternen
Innere und äußere Balance werden entwickelt.

DER GEISTKÖRPER

Der Philosophie des Qi Gong zufolge sind wir mehr als nur physische Körper. Jeder hat auch einen Geistkörper – ein aus Energie bestehendes Doppel des physischen Körpers. Statt der Adern, durch die das Blut fließt, hat dieser Geistkörper Akupunkturmeridiane, durch die Qi strömt. Bei jeder Qi-Gong-Übung wird auch das Bewusstsein für diesen Geistkörper geschärft. Es wird zuletzt sogar möglich, den physischen Körper kurzzeitig zu verlassen und mit dem Geistkörper zu reisen. Daraus ergibt sich, dass der Geistkörper beim Tod des physischen Körpers seine Reise fortsetzen kann. Man verändert sich nicht, man bleibt wer man ist. Es wird lediglich heftig diskutiert, wohin die Reise des Geistkörpers geht – zum Wu Chi vielleicht.

Der Geist im Körper

Der innere Geist
Alte Texte stellen den Geistkörper als Kind im Mutterleib dar.

Wer sich spirituell entwickeln möchte, muss sich zunächst des Geistkörpers in seinem physischen Körper bewusst werden. Dazu kann man sich vorstellen, dass ein verkleinertes Abbild von einem selbst im unteren Dan Tian sitzt. Auch viele alte Texte stellen den Geistkörper als Kind im Mutterleib dar.

Indem man sich das neun Monate lang täglich für einige Minuten bildlich vorstellt, nährt und schützt man den Geistkörper und bereitet ihn auf andere spirituelle Techniken vor. Der Geistkörper besteht aus Qi. Jedes Mal, wenn man das Qi nach den Übungen im unteren Dan Tian speichert, gibt man dem Geist mehr Substanz.

Den Geist kennen lernen

Wer dieses Buch in Händen hält, weiß, dass er sich in seinem physischen Körper befindet und mit seinen Augen liest. Genauso kann man auch den Geistkörper benutzen, doch muss man erst mit ihm vertraut werden.

Der Prozess der Konzentration auf diesen Energiekörper und der Versuch, ihn zu entwickeln, führt dazu, dass man sich seiner so bewusst wird wie des physischen Körpers. Mit dem Geistkörper zu reisen, wird so selbstverständlich wie ein Spaziergang.

Einige der in diesem Buch beschriebenen Übungen füllen den Geistkörper derart mit Qi, dass er sich über die körperliche Hülle hinaus ausdehnt und manchmal das ganze Zimmer ausfüllt.

Der praktizierende Mensch hat dann den Eindruck, einen siebten Sinn erworben zu haben, durch den er mit seiner Umgebung in Interaktion treten kann. Trainiert man im Freien, fühlt man sich als Teil der Erde und der Bäume.

Im Moment des Einschlafens ist der Geistkörper besonders gut erreichbar. Für die folgende Qi-Gong-Übung sollte man sich mit diesem Moment zwischen Wachen und Einschlafen vertraut machen und in der Lage sein, ihn bewusst zu erzeugen.

Man übt dies idealerweise an einem warmen ruhigen Ort, auf einem Stuhl sitzend. Die Füße befinden sich dabei am Boden, das Rückgrat ist gerade und gestreckt.

Weitere Informationen

Weitere Informationen über **Geistreisen** finden Sie auf den Seiten 210–215.

Geisteskraft
Schließt man die Augen und stellt sich eine frische Zitrone vor, so kann man den Zitrusduft riechen. Die reine Vorstellungskraft kann einem etwas vorgaukeln, das nicht da ist. Diese Fähigkeit nutzt man, um den Geistkörper freizusetzen.

AUFSTEIGENDER GEISTKÖRPER

Man versetzt sich gedanklich in seinen Geistkörper im Zentrum des eigenen unteren Dan Tian. Um geboren zu werden, steigt der Geistkörper in der Körpermitte auf und tritt aus dem Scheitelpunkt des Kopfes – Akupunkturpunkt Lenkergefäß 20 (Rg 20) – aus. Sobald man die mit Macht aufsteigende Energie spürt, stellt man sich eine Tür vor, die sich zu einem strahlenden Licht hin öffnet; durch sie tritt der Geistkörper hinaus.

Hellwach
Man fällt nicht in eine Art Trance, man bleibt bei vollem Bewusstsein und spürt deutlich den Geistkörper aufsteigen.

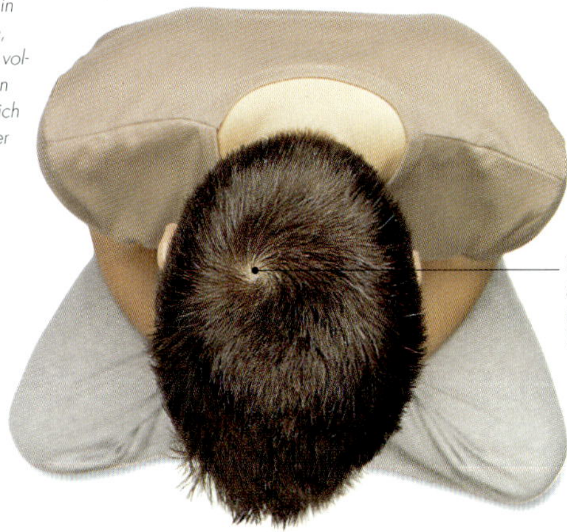

Bai Hui, der Austrittspunkt des Geistes (Rg 20)

Anfänger

Anfänger sollten den Geistkörper nur über dem Kopf schweben lassen, ehe sie ihn in den Bauch zurückholen.

Der Geist ruht in einem Kokon aus schützender Energie

R 1 hat Erdkontakt

Qi Gong für den Geistkörper

Reisen
Nicht auf der Erde schlafen, sondern in den Himmel fliegen.

Wer sich an die Fähigkeit gewöhnt hat, sich außerhalb seiner selbst zu befinden, kann zur nächsten Ebene aufsteigen und alle in diesem Buch beschriebenen Übungen erneut durchgehen, doch lässt man sie besser nur vom Geistkörper ausführen.

Man entwickelt auf diese Weise eine angenehme Vertrautheit mit der Möglichkeit, das Bewusstsein im Geistkörper statt im physischen Körper zu haben und man festigt und stärkt den Geistkörper. Freilich darf man nie vergessen, nach den Übungen den Geistkörper in das untere Dan Tian zurückzuführen.

Der Geistkörper reist weiter

Solange man lebt, ist der Geistkörper permanent mit dem physischen Körper verbunden. Bildlich umschrieben könnte man auch sagen, zwischen den beiden besteht eine unsichtbare Nabelschnur, die erst der Tod durchtrennt. Dann bleibt der Körper zurück und der Geist entschwebt.

Wer zu Lebzeiten mit der Möglichkeit, den physischen Körper verlassen zu können, vertraut wurde (etwa durch Qi Gong), für den ist der Tod nur noch ein reibungsloser Übergang – eine Transformation, ein positiver Wechsel wie der von der Raupe zum Schmetterling, der sich flatternd in die Freiheit der Lüfte erhebt.

Regelmäßige Reisen

Geistreisen übt man am besten, wenn man nachts ungestört in einem bequemen Bett liegt. Wenn man gerade dabei ist einzuschlafen, bleibt man wach und leitet den Geistkörper zum Kopf. Dann dreht man sich um und schaut sich ins Gesicht, als blickte man in einen Spiegel – nur ist man jetzt selbst die Reflektion.

Geistreisen sollten keine Flucht vor dem Leben sein! Körper, Gedankenwelt und Emotionen müssen im Einklang miteinander sein, ehe man sich auf das Spirituelle konzentriert.

Weitere Informationen

Zum Thema **Geist- oder Astralreisen** und **Out-Of-Body-Experience** (OBE) gibt es eine umfangreiche Literatur.

SPIRITUALREISE

Sie können selbst entscheiden, wie weit Sie reisen möchten! Es empfiehlt sich, zunächst nur kleine Reisen zu unternehmen und Orte aufzusuchen, mit denen Sie vertraut sind. Später können Sie an einem warmen Sommertag über die Baumwipfel fliegen oder sich sogar ins All begeben. Sie fliegen an Sonne, Mond und Sternen vorbei und nehmen deren Energie auf. Der im All schwebende Geist dehnt sich aus, bis Sie das ganze Universum mitsamt seinen Yin-Yang-Gegensätzen in sich aufnehmen können.

Reise ins All
Im Moment des Einschlafens verlassen sie den physischen Körper, schlüpfen in den Geistkörper und fliegen an den Planeten vorbei ins All.

Transformation
Sie lassen alle Yin-Yang-Gegensätze des Universums in sich eindringen, reisen über sie hinaus und werden Wu Chi – der Raum, den das Universum im leeren Kreis darstellt.

Rückkehr zur Erde
Bei der Rückkehr in den physischen Körper haben Sie nur eine vage Erinnerung an die Reise ins All und fragen sich – war es real oder nur ein Traum?

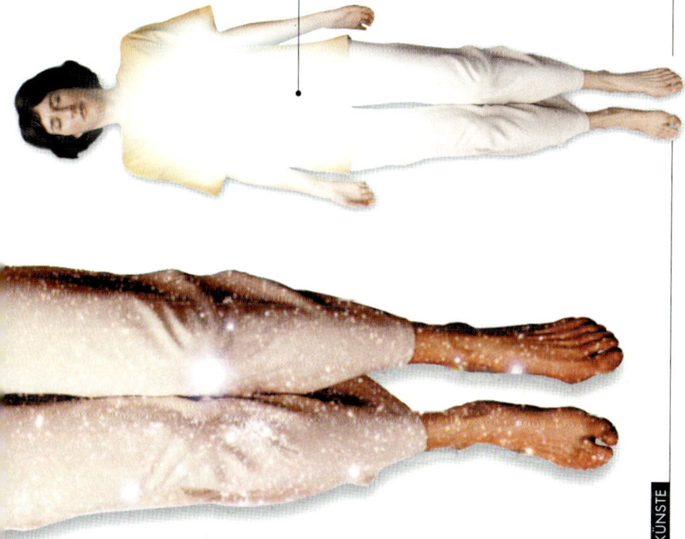

GLOSSAR

Akupunkturmeridiane Auch Leitbahnen genannt. Unsichtbare, durch den Körper laufende Energiebahnen. Neben den mit inneren Organen verknüpften, paarig verlaufenden 12 Hauptmeridianen gibt es die völlig gerade über den Rücken laufende Leitbahn der Steuerung (Lenkergefäß) sowie die gerade über die Brust verlaufende aufnehmende Leitbahn (Konzeptionsgefäß). Neben diesen kennt man acht unpaarige Leitbahnen, Netz- und andere Leitbahnen.

Akupunkturpunkt Auch Reizpunkt genannt. Stellen von hoher elektrischer Leitfähigkeit auf den Akupunkturmeridianen, an denen die Energie durch Reizung mit Nadeln oder Fingerdruck (Akupressur) leicht beeinflusst werden kann. Neben diesen auf den Meridianen gelegenen Punkten kennt man über 1000 so genannte Extrapunkte, die nicht auf den 14 Hauptmeridianen liegen. Die traditionelle chinesische Medizin kannte bereits über 400 mit Namen belegte Akupunkturpunkte. Die in diesem Buch erwähnten Punkte werden ausgeschrieben mit ihrer deutschen Bezeichnung genannt. Älteste schriftliche Aufzeichnungen über die Anwendung der Akupunktur datieren aus der Zeit des 2. Jahrhunderts v. Chr. Archäologische Funde (Grabfunde von Stein- und Knochennadeln sowie Bambussplittern) lassen aber vermuten, dass diese Form der Therapie schon vor mehr als 4000 Jahren angewendet wurde.

Chakras Sieben Energiezentren des Körpers, über die der Mensch hinduistischer Yogalehre und einiger buddhistischer Lehren zufolge verfügt.

Dan Tian Wörtlich „rotes Feld", bedeutet der Ausdruck auch „Feld des Lebenselixiers". Die übereinander im Körper angeordneten drei Dan Tian liegen hinter dem Nabel, (unteres Dan Tian), hinter dem Solarplexus (mittleres Dan Tian) und zwischen den Augenbrauen (oberes Dan Tian).

Dreifach-Erwärmer Auch Drei Wärmebereiche genannt, umfasst drei Wärme erzeugende Bereiche: die obere, die mittlere und die untere Körperhöhle. Da die traditionelle chinesische Medizin den Dreifach-Erwärmer als ein Organ im Sinne eines Funktionsbereiches auffasst, ist ihm ein Akupunkturmeridian zugeordnet.

I Ging – Buch der Wandlung Das dem legendären Kaiser Fu Hsi zugeschriebene *I Ging* ist ein im 1. Jahrtausend v. Chr. entstandenes Orakelbuch, das auf alle Lebensbereiche angewendet wird. Acht verschiedene, aus durchgezogenen Yang-Linien und unterbrochenen Yin-Linien bestehende Trigramme (Pa Kua) werden zu 64 möglichen Hexa-

grammen kombiniert, denen jeweils ein ganz bestimmter Orakelspruch zugeordnet ist, der der Situation gemäß interpretiert werden muss.
Die acht Trigramme sind auch bestimmten, häufig verwendeten Akupunkturpunkten zugeordnet, von denen jeweils zwei ein sich ergänzendes Paar bilden.

Kwa Wörtlich „Halbkreis". Gemeint ist eine Brücke mit einem Bogen oder auch der Bogen des Pfeilschützen. Der chinesischen Medizin zufolge gibt es im menschlichen Körper zwei Haupt-Kwa.

Neijing „Klassiker der Inneren Medizin", ein dem legendären Huangdi (Gelber Fürst) zugeschriebenes, aber erst zwischen dem 2. Jahrhundert v. Chr. und dem 2. Jahrhundert n. Chr. zusammengestelltes medizinisches Werk, das erstmals ausführlich über Verfahren der Akupunktur berichtet und 160 Reizpunkte genau beschreibt. Die älteste erhaltene Abschrift stammt aus dem 13. Jahrhundert.

Qi Lebensenergie oder Lebenskraft, die alles Lebende durchdringt; menschliche „Elektrizität".

Qi Gong Wörtlich „Arbeit an der Lebensenergie", „Erhaltung der Lebensenergie". Bestimmte Bewegungs- und Atemübungen zur Erhaltung und Mehrung der Lebensenergie.

Sung Wörtlich „sinken". Der Begriff bezeichnet eine aktive Entspannung, einen Zustand aufmerksamer, wacher Ruhe.

Tai Chi Wörtlich „das höchste Letzte", „der höchste Pol". Eine Kampfkunst, die Körper, Gedanken, Emotionen und Geist harmonisiert und heilt.

Wu Chi Wörtlich „Ungeteilte Einheit", insofern alles und nichts zugleich, als Urzustand des Unendlichen die völlige Leere, die durch den leeren Kreis symbolisiert wird. Auch eine Dimension des Geistes und ein Zustand vollkommener Gesundheit.

Yin und Yang Der chinesischen Philosophie zufolge besitzt alles einen ihn ergänzenden Gegensatz, ein komplementäres Element. Yin ist dunkel, kühl, passiv, empfangend, unten, weiblich, Erde; Yang ist hell, heiß, aktiv, spendend, männlich, oben, Himmel. Um anzudeuten, dass jedes Yin etwas Yang enthält und umgekehrt, zeigt das bekannte Symbol im weißen Yang-Feld einen schwarzen, im schwarzen Yin-Feld einen weißen Punkt. Sind alle Gegensätze ausgewogen und im Gleichgewicht, spricht man von Yin-Yang-Harmonie.

IN DIESER SERIE ERSCHIENEN:

NUR € 3.99

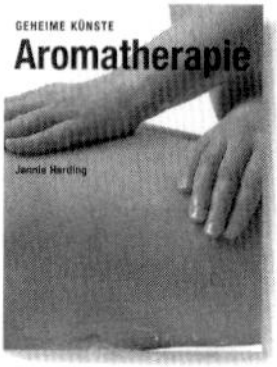

Aromatherapie
Jennie Harding

Ayurveda
Gopi Warrier, Dr. Harish Verma & Karen Sullivan

Bachblüten
Jeremy Harwood

Chinesische Heilkräuter
Penelope Ody

Energieströme des Körpers
Paul Brecher

Handlesen
Peter West

Hypnotherapie
Janet Fricker & John Butler

Numerologie
Dawne Kovan

Pilates
Sally Searle & Cathy Meeus

Qi Gong
Angus Clark

Reflexzonenmassage
Chris McLaughlin & Nicola Hall

Reiki
Anne Charlish & Angela Robertshaw

Shiatsu
Cathy Meeus

Tarot
Annie Lionnet

Traumdeutung
Caro Ness

Yoga
Jennie Bittleston

NÜTZLICHE ADRESSEN

Die World Tai Chi Boxing Association, WTBA, hat in mehr als 40 Ländern Tai-Chi- und Qi-Gong-Lehrer. Einen WTBA Lehrer in Ihrer Nähe finden Sie auf der Website www.tajiworld.com

Paul Brecher
Repräsentant der WTBA, London:
PO Box13219
London
NW11 7WS
Tel: 020 8264 8074
Email: paul@taiji.net

Taijiquan und Qigong Netzwerk
Deutschland e.V.
Weidenstieg 18
20259 Hamburg
Tel.: 040-40197048
Fax: 040-40197049

Internetadressen in Deutschland, Österreich und der Schweiz:

www.tai-chi-zentrum.de
www.tai-chi-institut.de
www.taichi-online.de
office@itcca.org
www.itcca.at
www.taichichuan.ch

REGISTER

DANKSAGUNG

Über den Autor: Paul Brecher (BA FacS) verfügt über eine mehr als 20-jährige Erfahrung mit Kampfkunst und Qi Gong. Er ist qualifizierter Akupunkteur und wendet als Heilpraktiker auch die traditionelle chinesische Kräutermedizin an. Er lebt in London, wo er Patienten behandelt und als Lehrer für Tai Chi, Qi Gong und traditionelle chinesische Medizin arbeitet.
Weitere Informationen gibt es im Internet unter: www.taji.net
oder unter Tel.: 0208 264 8074.

Der Herausgeber dankt Deborah Fielding, die das Manuskript der Originalausgabe gelesen und den Text redigiert hat.

BILDNACHWEIS

Es wurden alle Anstrengungen unternommen, die Urheber der Abbildungen ausfindig zu machen und die Erlaubnis zur Veröffentlichung zu erlangen. Die Herausgeber entschuldigen sich für eventuelle Auslassungen und erklären hiermit ihre Bereitschaft, bei Folgeauflagen nötige Änderungen und Ergänzungen vorzunehmen.

AKG, London 136; **The Bridgeman Art Library**/Privatsammlung 126 ol, 133, 213/Victoria & Albert Museum, London, 122 ol; **Corbis** 138u/Asian Art & Archaeology 118ol, 175 ol, 209/ Bettman Archive 31or, 137, 144/ Dean Conger 15 u/ Leonard de Selva 11 ol/ Christel Gerstenberg 11ur/ Historical Picture Archive 10 ml, 11or, 26 u/ Kelly Mooney Photography 30 u/ Peter Turnley 110 u; **Images Colour Library** 14 ur; **Science Photo Library**/Arthur Tucker 147 l; **Tony Stone Images** 114 o/ Keith Brofsky147 or/ Connie Coleman 191 or/ Donna Day 139 l/ Tom Dietrich 179 or/ Mitch Kezar 26 o/ Peter Mason 146 u/ Stuart McClymont 130 o/ Yorgos Nikas 146 ol/ Dennis O'Clair 170 ol/ Paul Sisul 139 or/ Peter Warden 199 ol/ Art Wolfe 195 ol; **The Wellcome Library** 15 o; **The Werner Forman Archive** 132.